SAIBA MAIS
PARA GASTAR MENOS

Aprenda a desenvolver
sua inteligência financeira

Elaine Toledo

SAIBA MAIS PARA GASTAR MENOS

Aprenda a desenvolver
sua inteligência financeira

Copyright © 2012 Elaine Toledo

Todos os direitos reservados. Nenhuma parte desta edição pode ser utilizada ou reproduzida – em qualquer meio ou forma, seja mecânico ou eletrônico –, nem apropriada ou estocada em sistema de banco de dados sem a expressa autorização da editora.

O texto deste livro foi fixado conforme o acordo ortográfico vigente no Brasil desde 1º de janeiro de 2009.

PREPARAÇÃO: Andresa Medeiros

REVISÃO: Thaíse Costa Macêdo, Shirley Gomes

CAPA: Miriam Lerner

IMAGEM DE CAPA: Roberto A Sanchez / Istockphoto.com

IMPRESSÃO E ACABAMENTO: Bartira Gráfica

1ª edição, 2006 (1 reimpressão) / 2ª edição 2012

Dados Internacionais de Catalogação na Publicação (CIP)
(Câmara Brasileira do Livro, SP , Brasil)

Toledo, Elaine
Saiba mais para gastar menos : aprenda a desenvolver sua inteligência financeira / Elaine Toledo. 2ª. ed. São Paulo : Alaúde Editorial, 2012.

Bibliografia.

ISBN 978-85-7881-129-7

1. Economia doméstica 2. Finanças 3. Finanças pessoais I. Título..

12-09690	CDD-332

Índices para catálogo sistemático:
1. Inteligência financeira : Economia 332

2012
Alaúde Editorial Ltda.
Rua Hildebrando Thomaz de Carvalho, 60
04012-120, São Paulo, SP
Tel.: (11) 5572-9474 e 5579-6757
www.alaude.com.br

Dedico este livro ao meu marido, Gregório; a meus filhos, Taís, Cibelle, Tiago, Danielle, Eduardo e Gregório; e a meus netos, Gabriel, Ana Luiza, Lizzie e Manuella. Aos novos filhos Reinaldo, Fabiano, Camila Anjos e Camila Lima.

Com vocês descobri que as maiores riquezas são compartilhadas sem transações monetárias, pois o que é valioso não é o que, mas quem temos em nossa vida.

Sumário

Apresentação 9
Agradecimentos 11
Introdução 13

CAPÍTULO 1
Saiba mais sobre dinheiro 15
CAPÍTULO 2
Saiba mais sobre emoções em finanças 23
CAPÍTULO 3
Saiba mais sobre seu futuro 39
CAPÍTULO 4
Saiba mais sobre inteligência financeira 55
CAPÍTULO 5
Saiba mais sobre bancos, financeiras e juros 75
CAPÍTULO 6
Saiba mais sobre renegociação de dívidas 101
CAPÍTULO 7
Saiba mais sobre crédito consignado 107
CAPÍTULO 8
Saiba mais sobre investimentos 113
CAPÍTULO 9
Saiba mais sobre previdência privada 125

CAPÍTULO 10
Saiba mais sobre sustentabilidade financeira 131

Considerações finais 139
Referências 141

Apresentação

Muitas pessoas vivem endividadas e sofrem com os reflexos desagradáveis do transtorno causado por essa condição. Quais são as causas desse endividamento desenfreado? A resposta poderá surpreender aqueles que ainda não se dispuseram a enfrentar o problema.

A partir de sua experiência como consultora financeira, Elaine Toledo observa que a relação com o dinheiro é reflexo de escolhas, as quais, por sua vez, são influenciadas pelas emoções. Ou seja, quando alguém se desorganiza financeiramente em geral está desorganizado em outras esferas da vida. Na verdade, a crise não é a causa, mas o efeito de um processo. No entanto, numa sociedade que estimula a satisfação imediata dos desejos, como resistir à pressão pelo consumo compulsivo?

Este livro apresenta uma proposta simples e inovadora para a superação de crises nas finanças, esclarecendo que a solução não depende apenas de dinheiro, mas sim de inteligência financeira. Mas o que isso significa? Em síntese, inteligência financeira é a capacidade de diminuir gastos e multiplicar recursos. De que maneira? Sabendo identificar emoções para utilizar os recursos racionalmente. A autora convida o leitor a refletir sobre sua maneira de lidar com o dinheiro, através da conscientização de que ele é o instrumento de uma troca que pode ser saudável, levando-o a escolher onde trabalhar, o que comprar e como pagar. A administração consciente de seus recursos, com escolhas adequadas aos seus objetivos, poderá tornar sua vida mais equilibrada, próspera e feliz.

Agradecimentos

Agradeço a Deus pela minha vida. A meus pais, João Toledo (*in memoriam*) e Maria José Nunes Toledo, por toda educação e amor que dispensaram a mim e que me conduziram a ser o que sou hoje. Agradeço em especial os exemplos de força, coragem, fé e educação financeira que recebi de minha mãe e de minha avó materna, Maria de Lourdes. Amo vocês.

Agradeço ao meu marido, Gregório da Costa Chaves, o grande amor de minha vida, por me compreender e me apoiar em minha trajetória profissional.

Agradeço aos amigos e irmãos do coração, André Tadeu de Aguiar Oliveira e Maria Odete Rabaglio. Vocês abriram portas para este novo caminho e me deram a mão para me equilibrar sobre as pedras. Sou eternamente grata a vocês e me sinto abençoada por tê-los como amigos.

Agradeço à Editora Alaúde, que acreditou no meu trabalho e continua apoiando meus projetos editoriais.

E agradeço a todos os leitores da primeira edição, principalmente aqueles que me escreveram após a leitura para dar sua opinião. Sem vocês meu trabalho não teria sentido.

Muito obrigada.

Introdução

Caro leitor, este livro é um estímulo para que você se informe sobre finanças e adquira uma melhor percepção de si mesmo, de modo a desenvolver sua inteligência financeira e aprimorar sua qualidade de vida.

Para escrever este livro, imaginei você, leitor, diante de mim, com sua angústia e suas dúvidas, tentando encontrar uma solução, mas achando que não tem mais jeito.

Compartilho aqui tudo aquilo que aprendi sobre a "mágica" de lidar com o dinheiro, para que não sobre mês no salário, mas sobre salário ao fim do mês.

Na verdade, "mágica" está longe de ser o termo correto para uma boa utilização dos recursos financeiros. Afinal, sabemos que toda mágica tem um truque, e que o resultado é fruto de uma ilusão.

Nesta nossa conversa, você vai descobrir que:

- Não é preciso ser mágico; basta ser você mesmo para cuidar do seu dinheiro com sucesso.
- A capacidade de cuidar do próprio dinheiro é muito mais simples do que se imagina.
- Você é totalmente capaz não apenas de cuidar bem do seu dinheiro, como também de fazê-lo aumentar e render muito para realizar seus sonhos.

14   Saiba mais para gastar menos

Para começar, algumas questões essenciais para reflexão:

- Você sabe o que é dinheiro?
- Você sabe o quanto seu emocional influencia sua vida financeira?
- Você sabe como será seu futuro?
- Você sabe o que é inteligência financeira e como desenvolvê-la?
- Você sabe como funcionam os bancos, as financeiras e os juros?
- Você sabe como negociar dívidas?
- Você sabe quando o crédito consignado é interessante?
- Você sabe algo sobre investimentos?
- Você sabe o que é previdência privada?
- Você sabe se sua vida financeira é sustentável?

Se você respondeu "não" para uma ou mais perguntas, este livro lhe será muito útil.

Provavelmente você está ansioso para saber algo que possa mudar sua vida financeira. Por isso, neste primeiro momento, vou incentivá-lo à formação de uma base, de maneira que, ao ser abordada a parte técnica, você esteja preparado para colocá-la em prática.

Para que nossa comunicação seja eficaz, tudo será explicado de forma simples, com exemplos práticos. Ao terminar de ler o livro, espero que você me escreva para contar o que achou de nossa conversa.

Elaine Toledo
elaine@toledocursos.com.br

CAPÍTULO 1

Saiba mais sobre dinheiro

Uma das coisas que nos separam dos outros seres vivos e nos torna humanos é a capacidade de ser consciente e, através desta consciência, modificar nossa realidade.
Deborah L. Price, *Terapia do dinheiro*

Você sabe o que é dinheiro? É provável que, em sua cabeça, surjam muitas respostas confusas para essa pergunta, sem que consiga chegar a uma solução clara e convincente. Uma delas pode ser: "Dinheiro é o meu maior sonho, é o que eu mais quero na vida". Ou também: "O dinheiro é o mal da humanidade; se ele não existisse, não haveria tanta corrupção, violência, ganância".

O fato é que vivemos um conflito interior permanente com relação ao dinheiro. Quando não o possuímos, queremos a todo custo consegui-lo; quando o temos, não sabemos por que, mas ele some de nossas mãos; e quando temos em excesso, nos sentimos culpados por ter muito enquanto outros não têm nada.

Tais percepções existem simplesmente porque não sabemos a definição correta de dinheiro. Então, vamos conhecê-lo melhor.

Há muito tempo o homem praticava o *escambo*, sistema de trocas de mercadorias sem equivalência de valor, para satisfazer suas necessidades. No entanto, existiam alguns inconvenientes. Um sapateiro, por exemplo, poderia ter dificuldade em trocar as botas que fabricava por alimentos, já que, se o produtor de alimentos não precisasse de botas – produto durável e que não se adquiria a toda hora –, não faria essa permuta. Alguém que possuísse um boi e precisasse trocá-lo por farinha, arroz, feijão ou sal também teria dificuldades: como repartir um único boi entre vários fornecedores, uma vez que todos iriam querer ficar com a melhor parte deste?

Buscou-se, então, um sistema de troca eficiente para avaliar e mensurar os bens. A saída foi criar a *moeda-mercadoria*. Os produtos de que todos necessitavam, que eram raros ou difíceis de conseguir, tinham um valor diferenciado. O sal é um exemplo disso, por ter um complexo processo de extração e ser utilizado por todos para conservação de alimentos.

No entanto, a moeda-mercadoria não solucionava o problema do fracionamento. Nesta busca, há cerca de 3 mil anos o homem descobriu a técnica de fundir metais e começou, então, a fazer moedas em ouro e prata. Os metais eram duráveis, preciosos e podiam ser fracionados. Por isso, o homem passou a fazer suas trocas com *moedas*, ganhando maior liberdade de escolha; além disso, a moeda permitia a possibilidade de entesouramento, o que não acontecia com a mercadoria.

Com a descoberta da técnica de impressão em papel, surgiu o *papel-moeda*. As moedas de metal ficaram destinadas a valores pequenos para troco. O dinheiro em papel tinha como lastro o ouro; ou seja, para um país emitir dinheiro em papel, tinha de possuir o valor correspondente em ouro. Hoje, esse lastro é representado pela capacidade de um país gerar riqueza, o chamado Produto Interno Bruto (PIB).

Na contínua busca por facilitar as trocas, surgiram os cheques. Por apresentar vantagens, como a possibilidade de movimentar grandes quantias de forma segura e eliminar a necessidade de troco, o cheque apareceu como mais um facilitador nos relacionamentos. Na década de 1920, foram criados os *cartões de crédito*. Chegamos, assim, a um sistema de troca desmaterializado. Se antes precisávamos formalizar as trocas com mercadorias, depois com moedas em metal ou papel, agora basta digitar o número do cartão na internet para suprir nossas necessidades ou desejos.

Este foi um breve relato do surgimento do dinheiro. Pudemos perceber que modificações na forma de ser do dinheiro e das trocas entre indivíduos estão relacionadas a mudanças sociais, na maneira de se relacionar, de se comunicar, dos homens. Hoje, por exemplo, o escambo seria totalmente inadequado, por suas limitações num mundo em que a comunicação atingiu uma velocidade antes inimaginável. Nesta era de globalização, boa parte das trocas só é possível porque o dinheiro, nosso elemento de troca, acompanhou esta velocidade. Os cartões de crédito internacionais, os bancos totalmente informatizados e a internet nos possibilitam fazer trocas por todo o mundo sem sair do lugar.

Chegamos, desse modo, ao seguinte conceito:

> Dinheiro é um elemento de troca facilitador das relações interpessoais, que acompanha a evolução da comunicação humana e é movido por nossa emoção.

É muito importante perceber que, apesar da mudança em sua forma, o dinheiro continua exercendo o mesmo papel da época do escambo: o de TROCA.

Reflita sobre a constatação acima e interiorize a definição de que dinheiro é um elemento de troca e existe para facilitar as relações humanas, e não para complicá-las ou destruí-las. Com isso em mente, você poderá mudar sua maneira de lidar com ele.

> Uma senhora passeia por uma loja com sua netinha de 4 anos, quando esta lhe pede para comprar um brinquedo. A avó diz que não pode, mas a menina insiste e, ao ter seu pedido novamente recusado, pergunta:
> — Por que não, vovó?
> A avó, descontente, responde:
> — Porque não tenho dinheiro!
> A menina, então, esboça um sorriso e diz:
> — Ah, vovó, não tem problema! Compra com o cartão.

Este diálogo foi relatado por uma mulher surpreendida com o fato de que a neta sabia que o cartão de crédito possibilitava a compra. Como se vê, até mesmo uma criança de 4 anos já pode reconhecer que o cartão de crédito é um elemento de troca como o dinheiro.

Admitindo o dinheiro como um elemento de troca, concluímos que o mesmo não tem nenhum poder. Quem tem poder sobre ele somos nós. Afinal de contas, o dinheiro, por si só, não tem a capacidade de dizer para onde quer ir; nós determinamos isso por meio de escolhas. Então, por que muitas pessoas vivem uma verdadeira inversão de papéis e passam a correr atrás do dinheiro? Certamente você já ouviu alguma conversa parecida com esta:

> Duas amigas dentro de um elevador conversam sobre dinheiro:
> — Você viu se o dinheiro já está na conta?
> — Nem olhei. Para quê? Não dá nem gosto receber; em poucos dias ele não vai existir mais.
> — É mesmo, comigo acontece a mesma coisa.
> — Sabe, estou cansada desta vida de correr atrás de dinheiro o tempo todo.
> — Eu também. Não aguento mais trabalhar só para pagar contas.

Algo de familiar nesse diálogo? Ele ilustra a realidade de um enorme número de pessoas que hoje se sente infeliz, vítimas de uma situação financeira desequilibrada.

A existência, na visão da maioria das pessoas, dessa inversão – ou seja, correr atrás do dinheiro em vez de determinar racionalmente o destino dele – ocorre devido a quatro razões fundamentais:

- Não saber, de fato, o que é dinheiro.
- Não ter consciência da influência das próprias emoções no uso do dinheiro.
- Não ter conhecimentos básicos sobre finanças, a chamada alfabetização financeira.
- Não saber usar o crédito de forma correta.

Quando não pensamos no dinheiro como elemento de troca, não nos conscientizamos de que o dinheiro que recebemos como salário, ou por serviços prestados, é fruto de uma troca por trabalho. Ou seja, você executou um trabalho e, por isso, recebeu uma quantia por ele.

Nesse ponto, vale a pena refletir sobre as condições nas quais você efetua essa troca. Ao trabalhar em um ambiente desgastante, executando tarefas de que não gosta, você está trocando não só o seu trabalho, mas também sua saúde, por dinheiro. Afinal, não demora muito para que o estresse e a insatisfação se reflitam em seu corpo, na forma de doença.

Pense bem se você não pode trocar seu trabalho por dinheiro em outro lugar, em outras condições. O que prende você a um lugar que lhe faz infeliz? As dívidas? Então, aí está mais um motivo para você começar a repensar suas decisões e planejar uma mudança em sua vida, para que possa realmente ter liberdade de escolha. O poder de escolher onde vai trabalhar, o que vai comprar e como quer pagar é para os poucos que sabem o que querem e administram bem seus recursos com escolhas e trocas adequadas aos seus objetivos.

Agora você já sabe que:

- Dinheiro é um elemento de troca facilitador das relações interpessoais, que acompanha a evolução da comunicação humana e é movido por nossa emoção.
- Quem tem poder sobre o dinheiro somos nós, e não o contrário; portanto, a responsabilidade das trocas é nossa.
- Não somos as vítimas, mas os responsáveis por nossa vida financeira, fruto de escolhas que fazemos para efetuar nossas trocas.

CAPÍTULO 2

Saiba mais sobre emoções em finanças

As pessoas esquecerão o que você disse. Ou esquecerão o que você fez. Mas jamais esquecerão como você as fez sentir.
Maya Angelou

Vivemos na era da inteligência emocional. Nesse contexto, que poder as emoções têm em nossa vida? Ora, você já deve ter ouvido e lido milhares de vezes que nós, seres humanos, somos dotados de razão e emoção. O que você talvez ainda não saiba é o quanto as emoções interferem em nossa vida financeira.

Quando se diz para as pessoas que problemas financeiros não são resolvidos com dinheiro, mas com inteligência, ocorrem reações diversas. Uns riem com tom de deboche, outros arregalam os olhos e ficam perplexos e alguns permanecem atentos, prontos para ouvir a explicação.

Vamos pensar numa situação prática. Suponhamos que você tenha um familiar ou amigo que esteja endividado. Não aconteceu nenhuma tragédia, ninguém ficou desempregado nem doente. Não se sabe como ele acabou se endividando.

Nós sabemos que o endividamento gera estresse, conflito, pressão, o que acarreta um estado de sofrimento que geralmente leva a pessoa a dizer: "não aguento mais essa vida". Você quer ajudar e acaba emprestando o dinheiro para que ela quite as dívidas e recomece sua vida. Todos ficam aliviados: você, por ter ajudado e não precisar ver o(s) envolvido(s) sofrendo; e a pessoa beneficiada, porque finalmente poderá começar uma nova vida.

Tudo parece ir bem, até você descobrir que a pessoa beneficiada – e que nem sequer começou a pagá-lo – já está endividada novamente. Ainda que muitas justificativas, ou tentativas de justificativa, sejam apresentadas, é difícil entender como a situação chegou a esse ponto. Você não tem mais recursos para ajudá-la, mas outro acaba se sensibilizando, e a ajuda... e a história se repete. E assim será indefinidamente, até que alguém perceba que emprestar ou até mesmo dar dinheiro para essa pessoa não resolve, pois ela tem o "dom" de se endividar. Finalmente, chega-se à conclusão de que o problema dela não é solucionado com dinheiro.

Mas como isso pode ser resolvido com inteligência? Obviamente, estamos falando aqui de inteligência emocional, o que pressupõe também inteligência financeira, conforme veremos adiante. O fato é que a crise financeira não é *causa*, e sim *efeito*.

A desorganização financeira demonstra que algo não anda bem em outros aspectos da vida. Essa pessoa pode estar passando por um transtorno conjugal, um problema sério de doença na família, um conflito com filhos, o envolvimento de um ente querido com dependência química, perdas de entes queridos, alguma perda material, insatisfação em sua vida profissional ou uma crise pessoal... não importa. O que fica evidente é que a desorganização chegou à vida financeira porque há uma causa que afetou, antes de tudo, o seu estado emocional.

Para ilustrar esta questão, criamos o Ciclo do Gastador, inspirado em um estudo de Mark Bryan e Julia Cameron, citado por William Bloom (1999):

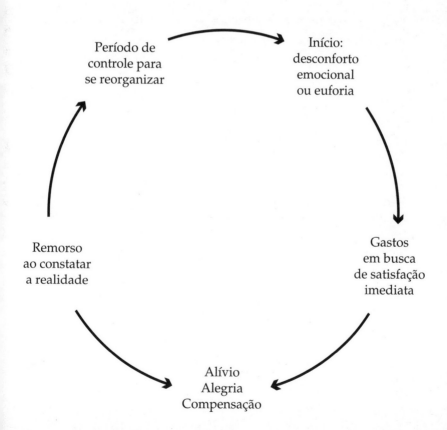

Tudo começa com um desconforto emocional ou euforia. Desconforto emocional pode ser um sentimento de raiva, angústia, mágoa, frustração, medo de enfrentar o novo ou algo que nos deixe com uma sensação ruim e que acabe gerando uma necessidade de satisfação a curto prazo. A verdade é que precisamos sentir prazer imediatamente, ou então sucumbimos.

Cada um tem uma forma de buscar prazer. Alguns buscam prazer comendo ou bebendo; outros, correndo; e muitos, gastando. A atitude de comprar aquilo de que gostamos gera prazer e este prazer se sobrepõe ao desconforto emocional, proporcionando alívio imediato.

A euforia, aquela empolgação total ou paixão, nos cega. Ficamos alheios à realidade. Um(a) namorado(a) novo(a) pode nos levar a gastar excessivamente com presentes. Se pararmos para pensar, no início do namoro os presentes são sempre especiais, depois, nem tanto. Outro exemplo é o nascimento do primeiro filho. Compramos muito mais do que o necessário, itens infantis chamam nossa atenção e somos capazes de gastar uma pequena fortuna em algo que será usado por algumas semanas, talvez dias, e após isso já não servirá mais.

O fato é que tanto o desconforto emocional quanto a euforia nos tiram da realidade e, por não termos consciência desse processo, acabamos comprando por impulso, numa atitude totalmente emocional. Nossa razão fica alheia a isso para que possamos sentir prazer.

Nos momentos de compra por impulso, em que se busca uma satisfação a curto prazo – e não a eliminação de uma necessidade –, corremos um sério risco de comprar algo de que não precisamos com o dinheiro que não temos, o que só é possível graças ao cartão de crédito, ao cheque especial, ou mesmo ao crediário a perder de vista.

Compramos algo que nos deixa felizes momentaneamente. Entretanto, como diz a sabedoria popular, "não há mal que sempre dure nem bem que nunca acabe", e logo recebemos a fatura do cartão de crédito, o extrato bancário, ou o carnê pelo correio. Então, acontece o confronto com a realidade:

- Comprei algo totalmente desnecessário e que jamais vou usar, e terei que pagar por isso, desperdiçando meu dinheiro.
- Comprei algo que poderá ser útil um dia, mas não agora. Mas, vou ter que pagar por isso mesmo sem usá-lo, deixando algo extremamente necessário em segundo plano.
- Comprei algo de que precisava, mas que não podia pagar, e isso gerou um rombo no meu orçamento.
- Comprei algo de que não precisava e que não posso pagar... e agora?
- Fiquei empolgado na hora de escolher o presente e gastei mais do que devia.

Passamos, então, à próxima etapa do ciclo: o remorso. Nesse momento nos perguntamos: "Onde eu estava com a cabeça quando me permiti comprar isto?" A resposta é simples: sua cabeça – ou melhor, sua razão – estava bem longe quando você se apaixonou e deu a si ou a alguém aquele presente.

A etapa seguinte é o que chamamos de "dança do estica e puxa". Travando uma batalha com os gastos, tirando um pouco daqui, outro pouco dali, conseguimos o dinheiro para pagar o "presentinho" que nos demos. É o período de controle para reorganizar o orçamento... até, quem sabe, o próximo desconforto emocional.

Muitas vezes, por maior que seja nosso esforço, não conseguimos fazer esse gasto caber em nosso orçamento, já totalmente comprometido. Começamos a nos complicar, pedimos dinheiro emprestado, utilizamos o limite do cheque especial ou então pagamos apenas o mínimo da fatura do cartão, empurrando a dívida para frente.

Esse ciclo torna evidente quanto uma questão emocional pode comprometer nosso orçamento. A seguir, um caso exemplar:

Martina é muito responsável e sempre procura excelência em tudo o que faz. Tem dificuldade em lidar com críticas, uma vez que se esforça em fazer as coisas do modo mais perfeito possível. Ela trabalha no departamento de compras de uma empresa do ramo de eletrônica, na qual cada produto a ser fabricado gera uma lista de, no mínimo, duzentos itens, o que requer uma rigorosa organização para aperfeiçoar os processos de compra nos prazos necessários.

Mas nem tudo depende dela. Se um dos fornecedores não cumpre o prazo para a entrega de um componente, por exemplo, todo o processo produtivo atrasa, ainda que o trabalho de Martina tenha sido feito corretamente. Quem trabalha com qualquer tipo de produção sabe que, se o produto é composto por duzentos itens e apenas um faltar, ele não sai. Como consequência, as entregas e o pagamento ficam atrasados. E foi exatamente isso que aconteceu: Martina fez um processo de compras de um produto e um dos componentes não chegou no prazo.

Ainda sem saber que o fornecedor não havia feito a entrega no dia anterior, Martina é recebida na empresa por três franco-atiradores de palavras – seu chefe, o chefe de produção e o gerente de vendas. Antes mesmo de lhe dizerem bom-dia e a questionarem sobre o ocorrido, começam a chamá-la de incompetente, inconsequente e dizer que os salários de todos os funcionários da empresa atrasariam naquele mês por culpa dela.

Se, para um ser humano qualquer, isso já seria uma situação de estresse, para Martina, uma perfeccionista, isso é a morte! Arrasada, ela busca informações junto ao fornecedor e descobre que seu chefe havia, dias antes, modificado a especificação do componente, o que acabou por atrasar a entrega; soube também que ele foi notificado, quando da modificação do pedido, que o prazo de entrega seria alterado, uma vez que o novo componente ainda estava em processo de importação.

Agora Martina está duplamente arrasada, pois, além de ter feito seu trabalho de forma correta, seu chefe foi o causador da situação e deixou a culpa ser direcionada a ela, prejudicando sua imagem profissional. Tudo que Martina deseja neste momento é falar poucas (e não tão boas) palavras ao seu chefe e, em seguida, entregar seu pedido de demissão. No entanto, ela acabou de comprar um carro financiado e não pode nem pensar em ficar sem emprego agora.

Sentindo um misto de raiva e mágoa, Martina sai para almoçar no shopping center mais próximo e, ao se dirigir à praça de alimentação, passa por uma loja de sapatos. Como de costume, para e olha as novidades, quando, de repente, vê um conjunto de bolsa e sapato MA-RA-VI-LHO-SO. Martina fica fascinada e resolve entrar. Experimenta o sapato, se olha no espelho com a bolsa e se encanta. Por alguns breves segundos, o preço passa pela sua cabeça, mas em seguida, gritando em sua mente, surge a frase: "Martina, você merece este presente".

"É isso, eu mereço", ela repete, pedindo para parcelar no cartão de crédito. Martina acaba de comprar, em suaves parcelas mensais, uma satisfação a curto prazo para sobrepor à raiva e à mágoa que estava sentindo.

Agora sim, Martina vai almoçar feliz e, ao encontrar outras colegas de trabalho, brinca, ri, se contagia; nem parece a mesma pessoa que, minutos antes, tinha os olhos embaçados de lágrimas.

Chega, então, o dia do vencimento da fatura do cartão de crédito. Martina sente um nó no estômago ao ler a fatura, inconformada por ter tido a coragem de gastar 570 reais em um conjunto ROXO de bolsa e sapatos, que não combina com nenhuma de suas roupas e que, até agora, não conseguiu usar.

Logo, ela precisa se defrontar com a realidade, quando lembra que já faz um mês que sua máquina de lavar está quebrada e ela não chama um técnico para arrumá-la, alegando que está sem dinheiro porque acabou de comprar um carro novo e não sobra um centavo de seu salário.

Agora, além de não sobrar, vai faltar, pois as três parcelas de 190 reais não estavam em suas projeções financeiras. Começa a dança do estica e puxa para reorganizar o orçamento.

Como pudemos perceber, um desconforto emocional relacionado à vida profissional acarretou uma compra por impulso, totalmente desnecessária, e causou desorganização financeira. Este é um exemplo corriqueiro de como podemos gerar um endividamento desnecessário, mas que não seja tão drástico a ponto de não ser revertido. Contudo, se isso ocorrer com certa frequência, acontece o que chamamos de "efeito Titanic" – você acabará afundando em dívidas.

Uma compra por impulso não ocasiona, necessariamente, uma desorganização na vida financeira. Se uma pessoa possui bastante dinheiro, estes gastos talvez não comprometam seu orçamento, ou nem façam diferença no final do mês. No entanto, podemos dizer que, de qualquer modo, isso significa um desperdício de recursos, sinalizando que algo dentro de você precisa de mais atenção.

A compra emocional, por impulso, que desperdiça recursos, só se torna possível quando há um desequilíbrio entre razão e emoção, quando nos permitimos fazer de conta que aquela troca é a melhor no momento. Quantas foram as coisas que você comprou e não usou, com um dinheiro que poderia ter sido gasto com coisas úteis? Quantas vezes você já disse que não tem dinheiro para viajar com a família, para frequentar uma academia, para fazer um curso de inglês? Agora, some os valores de tudo o que já comprou de desnecessário, calcule esse valor colocado em uma poupança e veja quanto dinheiro vai aparecer, quanto dinheiro já passou por sua mão e não foi usado para trocar por aquilo que você realmente queria. Nessas situações, você se deixou levar pela satisfação imediata, deixando de lado aquilo que, de fato, desejava.

Quando nos endividamos, é evidente que gastamos mais do que podíamos pagar. Isso raramente acontece em função de uma situação imprevista. Por exemplo: uma pessoa teve sua casa assaltada, levaram tudo e ela não tinha seguro.

Agora, ela terá de comprar tudo novamente, começando por coisas essenciais. Nesse caso, aconteceu algo totalmente imprevisto em sua vida, e não há como fugir desses gastos. Isso poderá levá-la a se endividar por necessidade, durante certo período.

O que vemos, na realidade, é que a quase totalidade de casos de endividamento não ocorre devido a fatos inesperados, nem à compra de itens necessários. É fato também que, em geral, a pessoa que se endivida não ganha mal – às vezes seus vencimentos ultrapassam os vinte salários mínimos.

O que acontece, então? A pessoa endividada assume o papel de vítima e esse papel acaba contribuindo para a busca incessante de satisfação imediata, levando-a rapidamente ao "efeito Titanic". Ora, assumir o papel de vítima é negar a sua responsabilidade. É acreditar que outra pessoa é culpada por sua atual situação financeira, e não você!

"Não aguento mais trabalhar para pagar dívidas!" – esse é um discurso comum de quem assumiu o papel de vítima, excluindo-se totalmente da responsabilidade pelo endividamento, sem perceber que dinheiro é elemento de troca, e que essas trocas são feitas por nós, por meio de nossas escolhas. Isto é, somos responsáveis pelas dívidas das quais reclamamos tanto para pagar. Em algum momento fizemos essa escolha.

Aqui vai uma dica para você que está endividado, desanimado, achando que o mundo é culpado por você estar nessa situação:

> Saia do papel de vítima, ou estará condenado a viver essa situação para o resto de sua vida. É isso o que você realmente quer?

Pare de se sentir o infeliz, o injustiçado, o mal recompensado. Assuma o controle da situação, assuma sua responsabilidade. Afinal, todos nós fazemos escolhas erradas às vezes. Então, aprenda com os erros, não se culpe, não rebaixe sua autoestima. Busque ajuda e dê o primeiro passo para mudar sua vida. Enquanto não se livrar do papel de vítima e continuar achando que o universo é culpado pela sua situação financeira, você não fará nada para mudá-la e tudo vai continuar como está... ou até piorar.

Quanto mais infeliz você se sentir, assumindo o papel de vítima, mais vulnerável estará para entrar no Ciclo do Gastador, para obter satisfação a curto prazo. Poderá até mesmo usar justificativas previsíveis, como:

- Ninguém merece viver nesse sufoco.
- Eu também sou filho de Deus e mereço um agradinho.
- O que importa é o hoje. Se eu morrer amanhã, morrerei satisfeito.
- Perdido por um, perdido por mil.
- Se o Brasil deve tanto, por que eu não posso dever um pouquinho?
- Se eu não me endividar, não conseguirei ter nada.

A lista de justificativas que criamos para nós mesmos, a fim de eliminar a culpa e poder desfrutar do momento com prazer, pode ser infindável. É incrível a criatividade que desenvolvemos nessas horas!

Passado o momento de prazer, quando novamente nos defrontamos com a realidade, entramos no papel de vítima:

- Por que minha vida tem de ser assim?
- Por que tanta gente tem a vida certinha e só eu que não consigo?
- Dá tudo errado para mim, sou um azarado mesmo!

Foi Buda quem disse: "Olho para fora e sonho. Olho para dentro e desperto". Se você realmente quer sair de uma situação financeira ruim, olhe para dentro de você antes mesmo de olhar para os números do seu orçamento. Olhando para dentro, você poderá encontrar a causa; olhando para os números, você só constatará o efeito.

Procure perceber se está encarnando o papel de vítima. Se esse for o caso, tente assumir que a situação atual é fruto de suas escolhas e seja o protagonista de sua história, para que você – e somente você – escreva o final de cada capítulo.

Você pode alegar que o endividamento é responsabilidade de sua família, que você trabalha, mas seu cônjuge e seus filhos gastam tudo. Se essa situação existe, certamente, é porque você a permite – logo, você é responsável por ela. O discurso de provedor injustiçado, sugado, não o levará à solução; pelo contrário, agravará seu amargor e desconforto emocional. A solução, então, é mostrar os números para todos e estabelecer regras e limites, de modo a envolvê-los nos esforços para que a situação se reverta. Trabalhe educação financeira com sua família. Será um ganho para todos.

O primeiro grande passo para resolver a situação é assumir que errou e que deseja acertar daqui para frente. Sem essa atitude, sua vida ficará como está indefinidamente. Por isso, é importante refletir sobre as próprias emoções:

Quando você entra no Ciclo do Gastador e por quê?
O que você tenta compensar?
Que produto(s) você costuma comprar por impulso, sem pensar?

A esta última pergunta, é comum que se confesse o gosto por sapatos, bolsas e roupas. Há, no entanto, as respostas mais inusitadas possíveis. A seguir, alguns exemplos extremos, mas verídicos:

"Eu adoro comprar leite condensado. Não consigo ir ao supermercado e não comprar. Tenho pilhas de latas em casa, pois nem eu nem meu marido comemos doce, mas é irresistível."

"Eu compro tênis importados. Não resisto. São caríssimos. O pior de tudo é que não uso tênis."

"Eu adoro comer em restaurantes. Gasto muito todo mês só pelo prazer do ambiente. Não é nem pela comida, mas adoro o ambiente de restaurante e pago caro por isso."

"Eu adoro comer pizza. Sei que minha mãe faz um jantarzinho gostoso todos os dias, mas quando faltam umas três quadras para chegar em casa, ligo para a pizzaria mais próxima e peço para entregar. Chego junto com a pizza. É uma delícia. Minha mãe fica chateada; e eu, quebrado financeiramente."

"Eu compro muitos cremes e xampus. Já não tem mais espaço no banheiro nem no guarda-roupa. Mas adoro comprar e muitos acabam vencendo antes de eu usá-los."

"Eu tinha mania de comprar batons. Foi a própria vendedora do catálogo que um dia me alertou. Ela me perguntou o que eu fazia com os batons, se eu dava de presente, pois ela achava curioso alguém comprar tantos. Desconversei, mas assim que cheguei em casa fui ao armário e peguei todos os batons. Havia 42 deles, vários repetidos. Foi aí que acordei para o fato de que havia algo errado."

"Eu gosto de comprar ferramentas. Em casa já tenho três caixas de ferramentas abarrotadas, mas toda vez que vou a algum lugar que vende ferramentas preciso comprar alguma coisa. Não consigo ficar sem comprar nada."

"Eu vivo tentando me enganar. Digo para mim mesmo que vou à loja comprar um CD para presentear alguém que faz aniversário, e acabo comprando dez CDS de uma só vez."

"Eu adoro ir à rua 25 de março, me encher de bugigangas. Compro uma porção de bijuterias baratas que quebram no primeiro uso, e acho que sou inteligente por estar economizando."

"Eu adoro comprar joias, mas acabo não usando por medo de ser assaltada."

"Adoro comprar perfumes, mas não posso usá-los, pois tenho rinite alérgica. Compro e não uso, mas sinto prazer em comprar."

"É indescritível o prazer que sinto ao receber uma caixa pelo correio com meu nome. Eu me sinto especial. Compro pela internet para ter este prazer. Já virou um vício."

Se analisarmos os depoimentos, não encontraremos justificativa racional para tais atitudes. Precisamos, então, refletir: por que nos permitimos comprar algo que não nos terá utilidade, de que não necessitamos naquele momento ou, pior ainda, pelo qual não teremos como pagar? Se nossa razão estivesse ativa nesses momentos de compra, certamente não nos permitiríamos tais proezas.

É esse o ponto a que queríamos chegar: como despertar a razão nos momentos de compra? Cabe, aqui, uma dica muito simples. Para certificar-se de que fará uma escolha racional de compra, basta perguntar a si mesmo antes de pagar:

> Eu realmente preciso disto agora?

Com essa simples pergunta, você trará sua razão à tona e correrá menos risco de comprar algo desnecessário ou pelo qual não possa pagar. Pensando nisso, sugerimos o *selinho do consumo consciente*. É um bilheitinho com a frase acima que você pode colar nos seus cartões de débito, para se lembrar de pensar bem antes de gastar.

Agora você já sabe que:

- Nossa vida financeira é reflexo de nossas escolhas, que são altamente influenciadas pelo nosso emocional.
- Deve usar a razão antes de efetuar qualquer compra e se perguntar: Eu realmente preciso disto agora?
- Autoavaliar-se é essencial para encontrar a causa do desconforto emocional que o leva à busca por satisfação imediata, ou o que provoca um estado de euforia que lhe tira a noção de realidade.
- Buscar ajuda ao perceber que suas emoções estão afetando sua vida financeira é essencial para colocar as finanças em ordem e não cair mais nas próprias armadilhas de consumo.

CAPÍTULO 3

Saiba mais sobre seu futuro

*Tenha sempre bons pensamentos, porque os seus pensamentos
se transformam em suas palavras.
Tenha boas palavras, porque as suas palavras
se transformam em suas ações.
Tenha boas ações, porque as suas ações
se transformam em seus hábitos.
Tenha bons hábitos, porque os seus hábitos
se transformam em seus valores.
Tenha bons valores, porque os seus valores
se transformam em seu próprio destino.*
Gandhi

Como já foi dito, não é necessário fazer mágica para transformar sua vida financeira. Você apenas precisa saber o que deseja e o que realmente é importante para você. Além de termos a nossa razão sempre presente nos momentos de troca, é fundamental que saibamos o que nos faz felizes, o que é importante em nossa vida e o que realmente queremos.

Nossos valores estão relacionados ao que é importante para nós. Tenho certeza de que todas as nossas escolhas são feitas com um objetivo único e maior: *ser feliz*.

A felicidade é um sentimento e, portanto, acontece do interior para o exterior. Ou seja, ninguém pode ser responsável por nos fazer feliz. Nós nos sentimos felizes por motivos e questões interiores, pela leitura que fazemos das coisas, pela forma como encaramos cada fato. É algo muito pessoal.

De modo a evitar escolhas inadequadas, é necessário que você saiba o que é importante para você. Para isso, proponho um exercício. Copie, em uma folha, o desenho a seguir:

O que é mais importante para mim

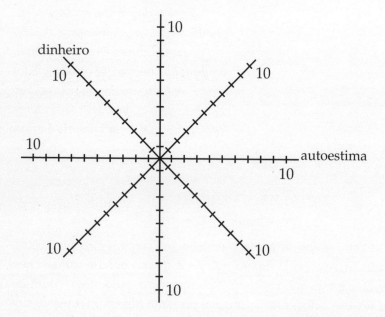

Coloque em cada ponta algo que seja realmente importante para você. Para não sair do foco, já inserimos dois pontos – dinheiro e autoestima –, tendo em conta sua considerável importância para a maioria das pessoas. Se você nunca havia parado para pensar nisso, chegou a oportunidade de perceber o que realmente é importante na sua vida.

Defina, então, os outros seis pontos. Em seguida, pergunte-se como está hoje em relação a cada um deles. Por exemplo, dinheiro: "Como estou hoje em relação a dinheiro?" A pontuação vai depender da resposta que você der a cada pergunta: de muito bem (10) a péssimo (1). Após assinalar uma pontuação para cada um dos oito elementos, ligue os pontos. Você vai obter um gráfico como no exemplo seguinte:

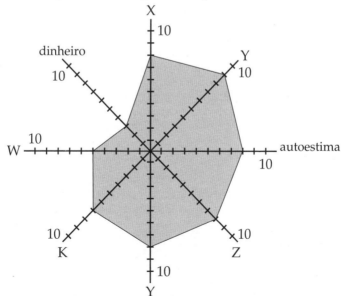

O que é mais importante para mim

42   Saiba mais para gastar menos

Podemos chamar o desenho resultante de "A roda da sua vida". Olhando para a roda que acabou de fazer, você acredita que ela anda? Ela giraria com facilidade? Ou se moveria apenas se fosse arduamente empurrada? Reflita, então, quais pontos estão em defasagem: por que eles estão assim? O que você precisa fazer para melhorar?

Propusemos esse exercício para que você analise três pontos importantes antes de fazer suas escolhas:

1. Dinheiro é apenas um dos pontos importantes de nossa vida.
2. Se você tomar uma decisão levando em conta apenas o dinheiro, sem considerar os outros fatores que são importantes para você, poderá até ter sucesso financeiro, mas não conseguirá se sentir feliz.
3. Qualquer um dos pontos em defasagem poderá tornar sua roda pesada, necessitando de um esforço maior para que se mova com harmonia.

Leia a história a seguir e veja se reconhece a situação vivida por algum parente, amigo ou até você mesmo:

> Mário estava desempregado e sua situação financeira estava para lá de crítica. Endividado, sem dinheiro nem para o necessário, vivia momentos difíceis e angustiantes. Sempre trocávamos ideias para ver se encontrávamos uma saída. Até que, um dia, Mário disse ter recebido uma proposta de emprego. Com muita alegria, perguntei:

— Para onde é?

— Para a África — respondeu Mário. — O salário equivale a cerca de 5.000 reais, só que o pagamento é em dólar e...

Antes que Mário pudesse concluir, já fiz meu discurso festivo, parabenizando-o, dizendo que finalmente havia chegado seu momento e que agora tudo ia melhorar, até que Mário, retomando a palavra, conseguiu me dizer que não havia aceitado a proposta.

— Eu não acredito no que estou ouvindo! Como não aceitou?! – perguntei.

Ele então explicou que a condição inicial era ficar dois anos sem vir para o Brasil. Como estava endividado, tudo o que ganhasse seria destinado a colocar as contas em ordem; por isso, não teria recursos financeiros nem conseguiria dias livres para poder viajar ao Brasil por conta própria. Mário, então, me disse:

— Eu não aguentaria passar dois anos longe de minha família. Deve haver alguma outra oportunidade por aqui.

Essa foi a escolha de Mário.

Ele, com certeza, levou em consideração o que era mais importante para ele – no caso, estar perto da família, sentir-se amado e ter seu porto seguro emocional. Mas e a questão financeira?

Para Mário, há muitas oportunidades de emprego que podem ser encontradas, mas família, não. Para ele, estar perto dos entes queridos, mesmo que com dificuldades, o faz mais feliz do que ter dinheiro e ficar longe de todos. A família concordou com sua escolha e a filha mais velha, que havia passado no vestibular, abriu mão de cursar a faculdade para trabalhar, ajudando com as despesas da família.

Hoje, Mário tem um contrato em uma empresa, está com a vida organizada, a filha passou novamente no vestibular, já está formada e bem empregada, e a esposa, que antigamente era dona de casa, arrumou um emprego desde que a situação apertou e hoje não quer mais parar de trabalhar fora, mesmo que a situação permita. Encontrou seu caminho, elevou sua autoestima e ainda tem seu próprio dinheiro, que compartilha com a família.

Quantas vezes fazemos escolhas levando em consideração somente o dinheiro e nos frustramos depois? Essa história nos faz refletir sobre nossas escolhas e nos alerta para o fato de que só seremos realmente felizes se levarmos em conta o que é importante em nossa vida.

Aqui vai mais uma chance. Se você é do tipo ansioso e não teve paciência de parar a leitura para fazer o exercício da página 41, faça-o agora, pois ele será fundamental para suas escolhas daqui em diante.

Agora que você já sabe o que é importante e o que precisa fazer para sua roda da vida girar, é preciso saber para onde está conduzindo essa roda.

O que eu de fato quero para minha vida?

Se você responder a essa pergunta com toda sinceridade, iniciará uma nova etapa na vida. Uma etapa de definições e decisões.

Agora, pare a leitura e pegue sua certidão de nascimento. Se você já não tem mais sua certidão, pode pegar seu RG mesmo. Leia o documento atentamente. É importante. Não ignore este pedido. Pegou? Leu?

Agora, responda: existe em sua certidão de nascimento ou RG algo escrito que determine o máximo de conquistas que poderá obter na vida? Não existe? Ué... e por que será que nos impomos limites, quando dizemos coisas como "isso não é para mim" ou, o que é ainda pior, "eu nunca vou conseguir"? Reflita sobre essa questão e responda para você mesmo.

> As nossas conquistas estão limitadas ao nosso querer.

Quando perguntamos para as pessoas o que elas querem da vida, poucas sabem responder, e algumas respondem que desejam ter muito dinheiro. Então, ao perguntar a estas últimas o que pretendem fazer com muito dinheiro, geralmente a primeira resposta é: parar de trabalhar e curtir a vida.

Na verdade, deve ser bem monótono viver na ociosidade. Será que acreditamos que curtir a vida é não fazer nada, não se sentir útil, não precisar conquistar nada? Quase todo mundo sonha com férias num lugar maravilhoso, ficar num hotel cinco estrelas, na suíte presidencial, com um carrão e um motorista à disposição para levá-lo onde quiser para se divertir. Mas como férias, não em tempo integral!

Nós sabemos que os bens materiais nos trazem tão somente a felicidade superficial. Eles não apagam nossas angústias, nossa baixa autoestima, nossa ignorância – apenas disfarçam tais atributos aos olhos de outrem, nos tornando "grandes e poderosos". *Aos olhos de outrem*, eu disse, porque nós continuamos sabendo como nos sentimos, e isso nos impede de sermos felizes, apesar de tudo que temos.

Cabe o alerta de que esta não é uma apologia à pobreza. A intenção aqui é encorajar as pessoas para que acordem e busquem seus sonhos. O querer nos move e nos tira de situações miseráveis, difíceis e até consideradas impossíveis de resolver. Quem busca desenvolver sua inteligência financeira precisa ver o dinheiro como o elemento de troca que usará para realizar seus sonhos. Apenas isso.

> O que importa é o seu sonho, o que você quer para sua vida e qual caminho vai percorrer para realizá-lo.

Seja qual caminho escolher, você precisará SER para poder TER, e não o inverso.

Para receber mais dinheiro pelo trabalho que executa, você deverá SER um excelente profissional, com um desempenho acima da média. Para SER um excelente profissional, você tem de amar o que faz, manter-se atualizado e determinado a aprender sempre mais e realizar melhor. É um processo de melhoria contínua. Se você quer SER um milionário em trinta anos, deverá SER um conhecedor de finanças, além de um excelente administrador de recursos para conseguir multiplicá-los.

Quem busca TER para SER está trilhando um caminho inverso, superficial e frustrante. Quem trilha o caminho do

TER para (parecer) SER, mete os pés pelas mãos e acaba se endividando para ter *status* e aparentar ser bem-sucedido. Nesses casos, os sonhos viram pesadelos e nem sequer conseguimos ser felizes com nossas conquistas. Pessoas assim chegam a perder o sono, pensando em como manter esse *status* por mais um mês. Onde vai pedir outro empréstimo para pagar o que deve?

No início deste capítulo, buscou-se estimulá-lo a prever seu futuro, e isso será possível apenas se você souber o que é importante para você, o que quer para sua vida e aonde quer chegar, para poder saber qual caminho seguir.

Você não precisa ter uma bola de cristal para prever o futuro – basta observar o que está fazendo no presente. Por exemplo: o que você está fazendo hoje para chegar aonde quer, profissionalmente, daqui a dez anos?

No livro *Os 7 hábitos das pessoas altamente eficazes*, Stephen R. Covey coloca como um dos hábitos: "Tenha um objetivo em mente". Isso significa saber para onde você está seguindo, de modo a compreender o lugar em que está agora e dar passos sempre na direção correta.

É essencial que você defina o que quer para sua vida a curto, médio e longo prazo, a fim de nortear suas ações nessa direção. Afinal, "quem não sabe aonde quer chegar não sabe que caminho seguir".

Vamos entender o que é um objetivo e o que é uma meta, para montarmos um planejamento.

Objetivo é algo a ser atingido – aonde quero chegar.

Meta é o ponto a ser atingido em direção ao objetivo – que caminho seguir para chegar lá.

Por exemplo, se seu objetivo é comprar, em dois anos, um carro no valor de 35.000 reais, você deverá estabelecer metas mensais de investimentos para atingir esse objetivo.

Como fazer um planejamento para aquisição de bens ou serviços

1. Defina seu objetivo, estabelecendo detalhadamente que diferencial ele terá para você se sentir mais feliz. Para isso, responda a três perguntas:

- O que eu quero?
- Por que eu quero?
- Como eu quero?

2. Defina as metas a serem cumpridas para que seja possível alcançar este objetivo, respondendo a mais algumas perguntas:

- Quando quero? Estabeleça o prazo.
- Quanto custará? Determine o investimento necessário.
- Como obterei os recursos necessários? Planeje ações estratégicas para obter e multiplicar recursos. Fracione a meta em etapas mensais, se forem de curto prazo, ou anuais, se forem de médio e longo prazo.
- Quem poderá me ajudar nesta meta? Sempre busque informações com quem tem muito conhecimento sobre o assunto. Por exemplo, se o seu objetivo é abrir um restaurante, procure alguém com bastante experiência no ramo e que obteve sucesso. Não dê ouvido a curiosos ou palpiteiros de plantão. O Sebrae possui uma série chamada *Comece certo*, com orientações sobre a abertura de diversos tipos de negócio. É um bom caminho para buscar informações corretas e realistas.

Quando sabemos o que queremos, nos sentimos mais motivados a ter disciplina para poupar, a resistir às tentações de gastos inúteis e desnecessários. Nossa satisfação consiste em saber que, em breve, conquistaremos aquilo que tanto desejamos.

> Em um dos primeiros cursos sobre inteligência financeira, um participante contou ao grupo que já adotava o planejamento em sua vida e que realmente funcionava. No dia seguinte, ele mostrou o esboço que havia feito de sua casa dez anos antes de ela ser construída, e fotos recentes da casa já pronta. Todos ficaram impressionados com a riqueza de detalhes do planejamento. A casa era a fiel materialização daquele pedaço de papel amarelado e amarrotado que, um dia, significou um sonho.

Convido você a construir seu futuro com um planejamento para daqui a um, cinco, dez e vinte anos. Defina o que quer para sua vida – não apenas as aquisições materiais, mas também projetos de realização pessoal, profissional, amorosa. Coloque no papel o que deseja, com riqueza de detalhes. Mantenha esse papel sempre visível, em um local que permita contato frequente. Todos os dias, olhe para seu planejamento e acompanhe as etapas com disciplina e determinação.

E se algo der errado? Bem, com certeza você enfrentará alguns obstáculos. Mas não se abale: eles fazem parte do nosso percurso. O fato é que raramente as metas são alcançadas sem determinação e flexibilidade. Então, se algo não sair como você espera, conserve seu objetivo e maleabilize as metas. Quando algo dá errado, é comum as pessoas dizerem "isso não era para mim, eu sabia que não ia dar certo", e acabarem desistindo. Não desista de seus sonhos, flexibilize suas metas, faça os ajustes necessários e continue.

50 Saiba mais para gastar menos

A seguir, um exemplo de planejamento para ajudá-lo nessa tarefa:

O que eu quero?	Por que eu quero?	Como eu quero?	Quando eu quero?	
Viajar para Gramado (RS) daqui a 12 meses para uma estadia de 6 dias	Para descansar e curtir a cidade no inverno	Percurso de avião e estadia em pousada	Julho de 2013	
Reservar passagens	Por ser mais confortável	Classe econômica	Até maio de 2013	
Pesquisar pousadas	Pousadas são mais aconchegantes	Chalés com lareira	Até dezembro de 2012	
Pesquisar passeios	Para conhecer o lugar	Com traslados locais	Durante a estadia em julho de 2013	
Fazer checklist da viagem e imprimir reservas de passagens, hospedagem e passeios	Para não esquecer nada	Lista impressa	15 dias antes da viagem	

Quanto custará?	Como obter recursos?	Quem pode me ajudar?
Avião: usarei milhagens Pousada: R$ 1.200,00 Alimentação e passeios: R$ 1.000,00 Souvenirs: R$ 200,00 Estimativa: R$ 2.400,00	Economizar R$ 120,00 por mês de maio a fevereiro de 2013 e R$ 800,00 do 13º salário em novembro de 2012 Reservar R$ 400,00 do adicional de férias	Pedir indicação de pousadas a Osório Perguntar para Milena sobre roteiro de passeios interessantes e dicas de lugares bons e baratos para alimentação
Somente taxas de embarque, que devem ser verificadas	Economia mensal	Ligar para a companhia aérea e verificar pontuação necessária
A pesquisar	Economia mensal	Recorrer ao Osório
A pesquisar	Economia mensal	Recorrer à Milena
Não há custo	Não é necessário	Eu mesmo

52 Saiba mais para gastar menos

O sucesso será consequência de suas atitudes. Intenção sem ação é ilusão.

Sílvia e Milene moram no interior do Piauí. As duas trabalhavam em uma empresa e tinham um sonho: participar de um congresso de recursos humanos em São Paulo. Durante quatro anos economizaram dinheiro para pagar as despesas de viagem e estadia, mas ainda faltava o dinheiro para pagar a inscrição no congresso.

Souberam, então, que o congresso teria uma sessão com trabalhos especiais, e que os autores dos trabalhos escolhidos poderiam participar de todo o congresso. Inscreveram um trabalho que fizeram na empresa e foram escolhidas. O sonho virou realidade e elas se tornaram um exemplo de determinação dentro do congresso. Elas sabiam o que queriam e isso foi o ponto principal para a determinação de poupar por quatro anos e aproveitar a oportunidade que chegou até elas.

Muitas vezes, nos queixamos de que as oportunidades não aparecem para nós, somente para os outros. Preste atenção se você sabe o que quer, se realmente tem um foco em sua vida e se está disposto a ter disciplina para poupar e abrir mão de algumas coisas para conquistar o que deseja.

Agora você já sabe que:

- Devemos ter em mente, de modo muito claro, o que é importante para nós e o que nos faz felizes, para não fazermos escolhas que, apesar de nos levarem ao sucesso financeiro, nos deixem em uma total infelicidade.
- O planejamento é a base de seu sucesso. Um planejamento com objetivos e metas claras e detalhadas o ajudará a seguir no caminho da realização.

CAPÍTULO 4

Saiba mais sobre inteligência financeira

Inteligência financeira é a capacidade de diminuir gastos e multiplicar recursos financeiros. Consiste em planejar e multiplicar o dinheiro, para depois gastá-lo.

Para desenvolver inteligência financeira, é preciso:

Equilíbrio emocional. É importante que façamos uso da razão nos momentos de compra, a fim de perceber se o que estamos comprando realmente é necessário, ou se estamos apenas em busca de satisfação imediata. É essencial perceber o próprio estado emocional nos momentos de troca, de escolha, para diminuir gastos.

Não se deixe levar pela emoção e lembre-se de que o dinheiro que está gastando é fruto da troca pelo seu trabalho; por isso, valorize o que você tem, pois não caiu do céu – você trabalhou para obter e é justo que faça bom uso disso.

Dutante o curso de inteligência financeira, uma das participantes comentou com as colegas que, na hora do almoço, teria de ir ao shopping para comprar um novo par de sapatos, pois o que usava naquele momento estava machucando seus pés e ela não estava mais aguentando.

Na hora do almoço, já mais consciente e informada, em vez de ir a uma loja de sapatos, ela foi a uma farmácia e comprou dois curativos. Gastou apenas 1 real e resolveu seu problema.

Planejamento. Como vimos no capítulo anterior, o planejamento nos mantém focados naquilo que desejamos, por isso, é muito importante tê-lo escrito e sempre junto de nós. Todas as vezes que estivermos tentados a gastar por impulso, ter o planejamento na carteira ou na bolsa para dar uma olhada nos motiva a resistir.

Alfabetização financeira. Conhecimentos básicos sobre o funcionamento de bancos, juros e investimentos, que serão abordados no próximo capítulo. A alfabetização financeira o auxiliará tanto a diminuir gastos como a multiplicar seu dinheiro.

Organização financeira. Conheça o método chamado "EPA! – três passos para sua organização financeira", que descreveremos a seguir. Com esse método, será possível acompanhar de perto para onde está indo seu dinheiro, quanto recurso você possui para multiplicar ou quanto ainda precisa enxugar no orçamento para poder poupar.

Método EPA! – três passos para sua organização financeira

1º passo: E – Enxergar

Nem tudo o que se enfrenta pode ser modificado, mas nada pode ser modificado até que seja enfrentado.
Helena Besserman Viana

Antes de tomar qualquer decisão, é necessário enxergar a situação real. Assim como o médico precisa de exames para diagnosticar e receitar o remédio correto, precisamos saber como está nossa situação financeira para poder saber o que precisa ser feito. Há, de modo geral, certa resistência em enxergar números que não nos agradam, mas não é possível mudar uma situação sem ter noção de como ela está.

Para ter dados precisos, vamos usar um coletor, no qual centralizaremos nossas informações. Pegue uma caixa de sapatos ou outra caixa qualquer para esse fim. Coloque dentro dela todos os comprovantes, tíquetes, papeizinhos, canhotos de cheque, recibos, contracheques... enfim, tudo o que for relativo a recebimentos e pagamentos. Faça isso diariamente.

Uma vez por semana, reserve meia hora do dia para anotar, na planilha Orçamento Eficaz (que você pode obter no site www.toledocursos.com.br), os dados dos comprovantes que estão na caixa de sapatos. Some as despesas de mesma natureza e coloque na planilha. Pronto! Ao final de um mês, você terá como enxergar os números reais do seu orçamento.

2º passo: P – Pensar

> *Somos o que fazemos, mas somos principalmente*
> *o que fazemos para mudar o que somos.*
> Eduardo Galeano

Depois de enxergar a situação real, precisamos pensar estrategicamente. Para ajudar nas decisões, aplicaremos dois tipos de análise nesses dados: o Quanto me Custa (EID JR., 2002) e a classificação CDE, que veremos adiante. Após tais análises, você estará apto a decidir o que fará para equilibrar o orçamento e chegar ao resultado desejado.

Quanto me Custa

Considere o valor líquido (valor bruto menos impostos) que recebe mensalmente e divida-o pelo número de dias que trabalha no mês. Por exemplo, 2.200 reais líquidos divididos por 22 dias de trabalho (dias úteis do mês) significam 100 reais por dia trabalhado.

Em seu Orçamento Eficaz, considere o valor de cada despesa e divida-o pelo valor que recebe por dia trabalhado. Você descobrirá, assim, quantos dias precisa trabalhar para pagar aquela despesa. Consideremos, por exemplo, que você gaste 500 reais com alimentação. Dividindo esse valor por 100 reais, teremos cinco como resultado. Assim, para pagar por sua alimentação, você trabalha cinco dias.

Dessa forma, devemos nos perguntar após cada análise: "É para isso que quero trabalhar?" Se a resposta for não, caberá a você redirecionar seus recursos.

Análise CDE – enxugando o orçamento

No seu Orçamento Eficaz, classifique cada despesa como:
C: Continuar
D: Diminuir
E: Eliminar

Corte as despesas **E**, diminua as despesas **D** e mantenha iguais as despesas **C**. Com isso, você poderá enxugar consideravelmente seu orçamento.

É importante ressaltar que essa análise pode gerar uma discussão saudável e deve ser feita considerando o que realmente pode ser eliminado e reduzido. Não é aconselhável discutir valores neste momento, somente decidir o que fica igual, pois não é possível modificar de imediato o que queremos reduzir e o que vamos eliminar. Após essas decisões, saberemos que aquilo que for **C** continuará igual, e o que for **E** ficará zero. Portanto, resta agora discutir e concluir qual é o valor das despesas classificadas como **D**.

3º passo: A – Agir

*Os pequenos atos que se executam são melhores
do que todos aqueles grandes que se planejam.*
George C. Marshall

De nada adiantará enxergar a situação, interpretá-la, ver o que precisa ser feito e *não* agir. Não se iluda – nada mudará se você não mudar de atitude. A natureza fornece alimento em abundância para os pássaros, mas não coloca esse alimento no ninho. Busque o seu caminho, use sua criatividade. Você consegue!

60   Saiba mais para gastar menos

Nos cursos sobre inteligência financeira, para que pudessem aprender a aplicar o EPA!, eu pedia às pessoas que montassem seu orçamento pessoal. Logo na primeira turma, ficou evidente a falta de interesse pelo exercício, por uma razão muito simples: quem está com problemas financeiros não quer enxergar a realidade. É doloroso. Temos uma tendência natural de fugir do que nos faz sofrer.

Mas essa era uma forma de ensinar a metodologia. Surgiu, então, a ideia de fazer dos participantes consultores financeiros; ou seja, eles teriam que aplicar o EPA! em um orçamento fictício e apresentar uma solução. Foi um sucesso. Como é simples resolvermos os problemas dos outros! Quer experimentar? Então resolva o orçamento da família Silva.

> Tive a oportunidade de fazer um trabalho com pais de alunos numa escola. Nosso encontro era semanal e durava apenas uma hora. Quando apresentei o EPA! em um desses encontros, expliquei como fazer e pedi que o fizessem, em casa, com seus dados financeiros.
>
> Uma das mães voltou com uma nova visão. Ao aplicar o "Quanto me custa", percebeu que gastava mais com o carro do que com a própria casa. Há tempos ela queria fazer uma reforma em casa e nunca sobrava dinheiro, pois todo ano se endividava para trocar seu carro por um zero-quilômetro.
>
> Consciente disso, decidiu que não trocaria de carro no mínimo pelos próximos quatro anos e destinaria o dinheiro para reformar sua casa. Bastou aplicar o EPA! para encontrar a solução sem fazer qualquer tipo de sacrifício.

Desafio: orçamento da família Silva

A maneira como cada um ganha, gasta e conserva dinheiro
é resultado de uma combinação de emoções e habilidades.
José Pio Martins

A família Silva é composta por Roberto Silva, 40 anos; Rita Silva, 35 anos; João Silva, 10 anos e Joana Silva, 8 anos.

Roberto é analista de sistemas, está na empresa há quatro anos e recebe mensalmente um salário líquido de 4.400 reais, para trabalhar 22 dias no mês (não trabalha aos fins de semana). Sua esposa, Rita, era secretária com formação superior, mas está fora do mercado de trabalho há dez anos e está tendo dificuldade para retornar, pois não fala uma língua estrangeira e está desatualizada em informática.

Os filhos estudam em um colégio particular. A família tem dois carros; um deles acabou de ser comprado por Roberto, que se deu de presente um carro novo, alegando que merece mais conforto – afinal, ele é quem trabalha. Assumiu um financiamento de vinte meses, com parcelas fixas de 500 reais. Ele deu seu carro antigo no valor de 20.000 reais de entrada e financiou o restante. A diferença do seguro ficará em duas parcelas de 300 reais. Rita, por sua vez, tem um carro que vale 10.000 reais.

O orçamento doméstico está comprometido. Recentemente, Roberto fez dois empréstimos para quitar o cheque especial, mas, após a compra do carro, precisou utilizar o cheque especial novamente. Rita não se atualiza, alegando que não sobra dinheiro para fazer pelo menos um curso de informática, essencial para a função que busca no mercado de trabalho hoje. A família mora em uma casa alugada e Rita mantém uma empregada de confiança, com a esperança de

62   Saiba mais para gastar menos

conseguir um emprego em breve (assim, já terá uma pessoa para cuidar da casa e das crianças).

Desafio:

- Calcule quanto Roberto recebe por dia trabalhado e, com os dados da tabela ao lado, calcule o Quanto me Custa para cada subtotal como habitação, lazer etc.
- Aplique o CDE neste orçamento e justifique suas escolhas.
- Em quanto tempo a família poderá normalizar a situação e com quais ações estratégicas?
- Na sua opinião, qual é o principal fator que os levou a ficar nesta situação?

O orçamento da família Silva, como qualquer outro, possui particularidades em função do modo de ser, das necessidades e das emoções das pessoas que dela fazem parte. É importante saber, então, que as decisões relativas aos ajustes em qualquer orçamento devem levar em consideração todos esses fatores; caso contrário, poderá agravar o desconforto emocional já existente em função do endividamento e deixar a(s) pessoa(s) vulnerável(is) a entrar no Ciclo do Gastador, comprando itens desnecessários e piorando a situação. Assim, o maior desafio de um consultor financeiro é encontrar uma solução que gere o menor impacto possível na vida familiar. Para isso, é preciso convencer todos a participarem das escolhas.

Não podemos eliminar despesas que afetem somente a vida de um dos membros da família. Quanto ao orçamento da família Silva, por exemplo, você pode ter optado por substituir a empregada doméstica por uma diarista; trocar o pacote de tv a cabo por um pacote mais barato; eliminar as compras de roupas até que a situação se normalize; diminuir o uso de telefone fixo e celular; diminuir os gastos com

Saiba mais sobre inteligência financeira 63

	Valor (R$)	Quanto me custa	CDE	Novo valor (R$)	Ações
Entradas					
Salário líquido	4.400,00				
Total de Entradas	**4.400,00**				
Saídas					
Aluguel	800,00				
Água	80,00				
Luz	150,00				
Gás	45,00				
Seguro do imóvel / Vigias	50,00				
Empregada doméstica	650,00				
Subtotal Habitação	**1.775,00**				
Prestação do carro	500,00				
Seguro do carro 1/2	300,00				
Combustível de dois carros	300,00				
Subtotal Transporte	**1.100,00**				
Telefone fixo	120,00				
Telefone celular	100,00				
Subtotal Telefonia	**220,00**				
Supermercado / Feira / Padaria	1.200,00				
Subtotal Alimentação	**1.200,00**				
Cinema / Teatro / Shows	100,00				
Pacote HD TV + Internet	199,00				
Subtotal Lazer	**299,00**				
Cartão de loja de departamento	150,00				
Cabeleireiro / Manicure	180,00				
Subtotal Pessoais	**330,00**				
Mensalidade escolar	480,00				
Subtotal Escola	**480,00**				
Empréstimo consignado	300,00				
Empréstimo bancário	150,00				
Subtotal Empréstimos	**450,00**				
Total de Saídas	**5.904,00**				
Resultado (Entradas-Saídas)	**-1.454,00**				

alimentação e também com cabeleireiro, além da possibilidade de vender um dos carros para quitar as dívidas e diminuir as despesas. Estas seriam decisões bastante racionais, pois se referem aos itens em que podemos mexer para tentar resolver a situação, que não é nada fácil – afinal de contas, o total de gastos da família é 34% superior ao valor que entra mensalmente. Por isso, o primeiro passo seria ajustar os gastos da família ao valor que entra e encontrar uma forma de quitar as dívidas, o que, nesse caso, faríamos com a venda de um dos carros.

Se você fizer uma análise atenta, perceberá que a maior parte das escolhas de diminuição e corte afetará diretamente a Rita. Ela ficará sem carro, precisará economizar em cabeleireiro, ser estratégica nas compras de supermercado e ainda ficará sem empregada, apenas com uma diarista semanal, o que aumentará seu volume de trabalho doméstico e diminuirá ainda mais suas chances de conseguir um emprego. Roberto, em contrapartida, continuará andando de carro novo e, quando chegar em casa, encontrará tudo arrumado, limpo, comida feita, crianças cuidadas. Como você acha que Rita vai se sentir com tais decisões?

Veja que, até agora, não falamos em números. Estamos apenas analisando as escolhas e refletindo sobre suas consequências. Não queremos fazer de Rita uma vítima, mas somente analisar as escolhas.

Perceba que eles haviam feito empréstimos para quitar o cheque especial; tudo ia mais ou menos bem, até Roberto decidir comprar um carro novo – o que gerou uma despesa de 800 reais entre prestação e seguro (correspondentes a 53% do saldo devedor). Isso mostra que, embora o orçamento ainda não estivesse ajustado, eles fizeram mais uma dívida, agravando a situação.

Isso acontece porque, normalmente, as pessoas não fazem uma planilha do orçamento mensal para ter essa percepção. Por isso é tão importante *enxergar*. Se tivessem essa visão, poderiam fazer um ajuste satisfatório do orçamento, com algumas medidas simples: diminuir ou até eliminar algumas despesas, e investir em um curso de atualização para que Rita pudesse conseguir um novo emprego – tão logo ela estivesse empregada e tivesse passado pelo período de experiência, eles poderiam começar a poupar para comprar um carro novo.

Mais uma vez é preciso chamar a atenção para a necessidade de *enxergar*, *pensar* estrategicamente e *agir* a seu favor, para que você não fique endividado e sofra com isso.

Voltemos à família Silva. Tal como está o orçamento, é possível prever que no mês seguinte haverá uma despesa a mais, que são os juros do cheque especial. Se nada for feito, em breve se formará a tão famosa "bola de neve" com o acúmulo de juros sobre juros.

Se aplicarmos o EPA!, mantendo a planilha sempre atualizada com valores reais, computando todos os gastos *sem exceção* – até mesmo aquela pequena doação para a caridade e os presentes dados –, conseguiremos agir rapidamente, sem deixar que a situação chegue a números assustadores.

Por dia trabalhado, Roberto recebe 200 reais. Com base nisso, podemos apresentar uma sugestão (existem várias) de ajuste no orçamento dos Silva.

Ações:

1. Venda do carro da Rita e quitação do carro novo. O carro de Rita já estava velho; assim, todos ficam com um carro novo mais confortável e diminui a probabilidade de gastos com manutenção. Não deixamos Roberto infeliz,

66 Saiba mais para gastar menos

	Valor (R$)	Quanto me custa	CDE	Novo valor (R$)	Ações
Entradas					
Salário líquido	4.400,00			4.400,00	
Empréstimo consignado				1.600,00	2
Total de Entradas	**4.400,00**			**6.000,00**	
Saídas					
Aluguel	800,00		C	800,00	
Água	80,00		D	60,00	3
Luz	150,00		D	130,00	3
Gás	45,00		C	45,00	
Seguro do imóvel / Vigias	50,00		C	50,00	
Empregada doméstica	650,00		D	180,00	4
Subtotal Habitação	**1.775,00**	**9 dias**		**1.265,00**	
Prestação do carro	500,00		E	0,00	1
Seguro do carro ½	300,00		C	300,00	
Combustível	300,00		D	200,00	1
Subtotal Transporte	**1.100,00**	**5,5 dias**		**500,00**	
Telefone fixo	120,00		D	80,00	3
Telefone celular	100,00		D	60,00	3
Subtotal Telefonia	**220,00**	**1,1 dia**		**140,00**	
Supermercado / Feira / Padaria	1.200,00		D	800,00	3
Subtotal Alimentação	**1.200,00**	**6 dias**		**800,00**	
Cinema / Teatro / Shows	100,00		D	50,00	3
Pacote HD TV + Internet	199,00		D	120,00	3
Subtotal Lazer	**299,00**	**1,5 dia**		**170,00**	
Cartão de loja de departamento	150,00		E	0,00	3
Cabeleireiro / Manicure	180,00		D	90,00	3
Subtotal Pessoais	**330,00**	**1,7 dia**		**90,00**	
Mensalidade escolar	480,00		C	480,00	
Mesada para as crianças			+	50,00	5
Curso de informática			+	100,00	6
Subtotal Escola	**480,00**	**2,7 dias**		**630,00**	
Empréstimo consignado	300,00		C	300,00	
Empréstimo bancário	150,00		C	150,00	
Empréstimo consignado			+	290,00	2
Subtotal Empréstimos	**450,00**	**2,3 dias**		**740,00**	
Total de Saídas	**5.854,00**	**29,8 dias**		**4.335,00**	7
Resultado (Entradas-Saídas)	**-1.454,00**			**1.665,00**	

nem Rita ficará sem carro. Rita terá de levar e buscar Roberto no trabalho para ficar com o carro durante o dia e poder levar as crianças na escola. Este período na ida e volta do trabalho de Roberto proporcionará um tempo maior de contato entre o casal, que poderá conversar mais, trocar ideias, se aproximar.

2. Empréstimo consignado. Utilizado para saldar o cheque especial e colocar o orçamento em ordem novamente. Levando-se em conta que os juros do consignado são de 2,5% ao mês; o do CDC, 4% ao mês; e do cheque especial, 9% ao mês, optamos pelo consignado. Será quitado em seis parcelas de 290 reais.

3. Redução de consumo:

- **Água e energia elétrica.** Diminuir tempo de banho, desligar da tomada todos os equipamentos que não estão em uso, apagar as luzes de ambientes onde não há ninguém, juntar roupa para lavar e passar, não deixar tv e *video game* ligados à toa.
- **Uso de telefone fixo e celular.** Ligar apenas para celular de mesma operadora. Evitar usar o telefone fixo para ligar para celulares. Usar torpedos ou internet para baratear o custo da comunicação. A facilidade de comunicação através dos telefones nos faz usá-los desnecessariamente. Basta um pouco de boa vontade e as despesas com telefone serão reduzidas.
- **Consumo em supermercado.** Utilizar uma lista de itens que estão faltando, eliminar supérfluos e não levar as crianças para fazer compras. Fazer um cardápio ajuda a focar o que deve ser comprado, evitando desperdícios. Os mais afetados nesse caso são as crianças,

que consomem a maioria dos supérfluos comprados em supermercados. Para que elas cooperem, serão lembradas que agora terão mesada e poderão utilizá-la para comprar algumas guloseimas.

- **Gastos com lazer.** Pesquisar lazer gratuito na cidade. Mudar o pacote da tv por assinatura. Mesmo com um pacote menor, há muitas opções de entretenimento. Ninguém será afetado com esta mudança. Por que mantivemos a internet? Levamos em consideração a profissão de Roberto, um analista de sistemas, que através dela pode pesquisar novas ferramentas, participar de fóruns para encontrar a solução de algum problema.
- **Gastos pessoais.** Ficar um tempo sem comprar roupas e deixar a verba de cabeleireiro apenas para corte mensal de cabelo do marido e do filho. Rita poderá ir espaçadamente ao cabeleireiro, ela mesma se cuidando, ou buscar uma escola de cabeleireiros, em que os preços são simbólicos. Poderá trocar favores fazendo escova ou tingindo o cabelo da amiga e vice-versa. Rita não precisará andar desarrumada, apenas vai buscar formas mais baratas para se cuidar.

4. Substituição da empregada mensal por uma diarista semanal. Rita contará com o apoio dos filhos na organização da casa e em afazeres simples. Com o valor poupado, nos dias em que a diarista estiver em casa para cuidar dos filhos, Rita pode fazer um curso de informática e melhorar sua empregabilidade. Apesar de ter uma maior carga de afazeres domésticos, Rita em breve estará mais confiante e preparada para uma recolocação no mercado de trabalho e, tão logo consiga um emprego, terá novamente uma empregada mensalista para auxiliá-la e verba maior para se cuidar.

5. Mesada para os filhos. Mesmo com a situação financeira delicada, acaba sendo uma solução estratégica. Administrar uma quantia os fará aprender a escolher dentro das suas possibilidades, a pesquisar preços para fazer render mais o dinheiro que têm. Eles irão adorar essa posição ativa que lhes dá poder de escolha. Tudo vai depender da maneira como lhes será passada a nova situação – se for em tom de drama, eles se sentirão infelizes; se for como uma nova realidade que proporcionará aprendizado a todos e que isso terá um efeito positivo em sua vida para sempre, eles a acolherão com importância e alegria.

6. Curso de informática. Com a redução das despesas, é possível investir em um curso de informática para que Rita se qualifique para o mercado de trabalho.

7. Orçamento equilibrado. Em apenas um mês, foi possível ajustar o valor dos gastos à receita mensal. Com todas essas ações, houve resultado positivo, suficiente para quitar o saldo negativo mais os juros que serão cobrados no cheque especial.

Difícil? Acredito que não. Tomar decisões que mexem com a vida de outras pessoas é relativamente fácil, pois não sofreremos as consequências.

Todas as escolhas de contenções levaram em consideração cada membro da família, de forma que tivessem uma compensação em cada restrição. Sem drama, sem lamento, com otimismo, pois tão logo terminarem as parcelas dos empréstimos a família terá 740 reais livres para investir. Por que investir e não voltar ao padrão anterior?

Existe uma tendência de quem passa por um aperto nas finanças de, tão logo a situação se normalize, voltar ao padrão de gastos anterior e afrouxar os controles. Esse comportamento acaba levando novamente a um resultado financeiro negativo, pois quem acaba de normalizar sua vida financeira apenas equilibrou a entrada com a saída, mas ainda não possui reservas para um novo descontrole.

Atente para o fato de que o orçamento que usamos como exemplo é referente a apenas um mês do ano; em outros meses, ocorrem outros tipos de despesas que precisam ser previstas, como IPTU, IPVA, matrícula da escola, compra de material escolar, remédios, presentes etc. Logo, os gastos tendem a ser maiores do que os que analisamos. Como Rita ainda não conseguiu um novo emprego e a família pode contar somente com o que Roberto ganha, ou economiza-se mais ou usa-se uma reserva para tais gastos.

Se nada for feito, em poucos meses a família Silva sentirá o "efeito Titanic", levando-os a um grande desgaste; nesse caso, eles provavelmente tenham que tomar atitudes mais drásticas para se reestruturarem.

Essas foram apenas algumas sugestões, e há outras mais suaves – por exemplo, um planejamento para sair do negativo em três meses. Você pode ter escolhido outras soluções para a família Silva e chegado a um resultado tão positivo quanto o que propusemos aqui, mas será que você se preocupou em analisar o efeito de cada escolha para cada membro da família? Será que levou em conta o contexto da família em sua decisão? Será que se preocupou em envolver a todos nas mudanças?

Esse é o diferencial de nossa proposta: lidar com orçamento não é lidar com números, mas com pessoas. A ideia, então, é conciliar o orçamento sem destruir relacionamentos. Pense nisso!

Uma mãe entra em um supermercado com o filho pequeno. O garoto vê aqueles balões metálicos chamativos, com super-heróis impressos, e pede um para a mãe. Ela pergunta o preço ao filho, e ele, muito esperto, corre até o caixa e recebe a informação de que custa 8 reais. O menino volta para a mãe, diz o preço, e ela imediatamente responde que é muito caro e que não vai comprar. O menino não entende por que 8 reais é muito caro; a mãe tenta fazer o garoto entender, em vão. O filho, na ânsia de compreender, pergunta: "Mãe, quantos chocolates daqueles que eu gosto dá para comprar?" Ela responde: "Quase sete!", ele logo conclui: é caro mesmo!

É importante que, ao explicarmos algo para as crianças, possamos utilizar como comparação um elemento que ela consuma e de que goste. Quando dizemos a uma criança que não terá o que deseja porque é caro, ela não tem um parâmetro e, por isso, não entende o que queremos dizer. Ao estabelecermos um parâmetro que tenha significado para ela, tudo fica compreensível. Só aceitamos algo que tem um significado para nós.

Mas a história não termina aqui. Após concluir que o balão era caro, o menino faz mais uma pergunta: "Mãe, posso ficar segurando o balão até você ir para o caixa?" A mãe sorri e o menino sai saltitando pelos corredores com o balão na mão. Sem choro, sem chiliques, a situação foi compreendida e resolvida.

É importante perceber que não existe mágica. Muito simples: para equilibrarmos nosso orçamento, não podemos gastar mais do que recebemos. Se seus gastos superam suas receitas, só há dois caminhos: ou você aumenta a quantia que entra, ou diminui a quantia que sai.

Não poderia deixar de mencionar o exemplo que tive em casa, para que os pais possam refletir sobre quanto os exemplos dados são significativos para a vida adulta de seus filhos.

Meu pai era operário e nunca teve bons salários. Para ganhar um pouco mais, frequentemente tinha de fazer hora extra. Todas nós, as quatro filhas, começamos a trabalhar cedo, com cerca de 14 anos, para ajudar em casa. Minha mãe era a administradora da casa e sempre teve muita competência.

Naquela época, o pãozinho era embrulhado num papel bege, meio amanteigado, e este papel tinha uitas utilidades. Em casa, além de servir para absorver o óleo de frituras e ajudar a vedar a lata de biscoitos, ele também era usado para o controle financeiro. Você deve estar se perguntando: "Como assim?"

Lembro como se fosse hoje. Meu pai entregava o envelope de pagamento – que naquela época era feito em espécie – na mão da minha mãe, sem ficar com um centavo. Ela, então, pegava um pedaço de papel de pão, embrulhava uma quantia de dinheiro e escrevia por fora: "pão e leite" e o valor. Em outro, escrevia "feira", em outro "mercado", "água e luz", "condução", e assim por diante. Em seguida, colocava tudo dentro de uma gaveta e utilizava disciplinadamente o dinheiro de cada pacotinho específico para controlar os gastos de cada item.

Até hoje minha mãe mantém essa disciplina no uso do dinheiro; é independente e vive confortavelmente com pouco dinheiro, pois sabe administrá-lo. Todos os anos, no Natal, quando nos reunimos e fazemos o jogo do amigo secreto, ela pede uma agenda de presente. Com 78 anos – acreditem! –, ela usa diariamente a agenda para planejar seu dia e anotar todos os gastos. Tive um bom exemplo e procuro repassá-lo aos meus filhos e netos.

O segredo está em "como gastar menos e melhor", e para isso é preciso planejamento, organização e disciplina. Este é o propósito deste livro.

Agora você já sabe que:

- É preciso enxergar a situação real para saber o que precisa ser feito.
- A análise de um orçamento deve levar em consideração cada pessoa envolvida e o que a faz se sentir feliz.
- Todos devem ser envolvidos nas questões financeiras de forma positiva, realista, sem dramas, de modo claro e significativo para cada um.
- Crianças também são capazes de cooperar se for utilizada uma linguagem que elas compreendam.
- É preciso agir para que os planos saiam do papel e se tornem realidade.

CAPÍTULO 5

Saiba mais sobre bancos, financeiras e juros

Para começar a conversa sobre bancos, financeiras e juros, vamos primeiro testar seus conhecimentos.

1. Os bancos utilizam só dinheiro próprio para emprestar aos correntistas?
   Sim [ ]   Não [ ]
2. O banco fornece cheque especial como um benefício para obter a fidelidade do correntista?
   Sim [ ]   Não [ ]
3. Você sabe de quanto é a taxa mensal que paga ao banco e a que ela se refere?
   Sim [ ]   Não [ ]
4. O fato de você parar de movimentar uma conta elimina a cobrança de taxas mensais do banco?
   Sim [ ]   Não [ ]
5. As dívidas de cartões de crédito e cheque especial são negociáveis?
   Sim [ ]   Não [ ]

76 Saiba mais para gastar menos

6. Existe uma forma de diminuir drasticamente os juros das dívidas de cheque especial e cartões de crédito numa negociação?
Sim [ ]   Não [ ]
7. Os bancos querem que seus correntistas vivam endividados e percam o crédito?
Sim [ ]   Não [ ]
8. Um cheque que foi sustado pode ser protestado?
Sim [ ]   Não [ ]
9. Vale a pena tirar o dinheiro da poupança para cobrir o cheque especial ou para pagar a fatura do cartão de crédito?
Sim [ ]   Não [ ]
10. Se existe a previsão de que o dinheiro poupado será utilizado num prazo inferior a cinco anos, devo aplicá-lo na previdência privada?
Sim [ ]   Não [ ]

Gabarito
1. Não 2. Não 3. Sim 4. Não 5. Sim
6. Sim 7. Não 8. Sim 9. Sim 10. Não

Avaliação
De 9 a 10 acertos: Parabéns! Você sabe como os bancos funcionam.
De 7 a 8 acertos: Muito bom! Você tem boas noções de como os bancos funcionam.
De 5 a 6 acertos: Você tem alguma noção sobre o funcionamento dos bancos, mas precisa adquirir mais conhecimento.
Abaixo de 5 acertos: Você precisa aprender como os bancos funcionam.

Independentemente do resultado obtido, leia atentamente o que vem a seguir.

Como funcionam os bancos

Na publicação *O que são os bancos?*, da série educativa Cadernos BC, do Banco Central do Brasil, podemos encontrar a seguinte definição:

> Os bancos oferecem para as pessoas que têm dinheiro uma forma segura de guardá-lo – uma conta de poupança, por exemplo – e lhes pagam juros ou rendimentos. E, às pessoas que precisam de dinheiro para investimentos, os bancos fazem-lhes empréstimos e recebem juros pelo serviço. Dessa maneira, os bancos movimentam o dinheiro. Usam as economias de uns para emprestar a outros.

O excerto acima expressa um conhecimento fundamental para entender os bancos. Eis um exemplo simples:

Uma pessoa investe 1.000 reais em renda fixa com rendimento médio de 0,7% ao mês. →	O banco usa o dinheiro para emprestar a uma pessoa, que utiliza o cheque especial, e cobra 9% ao mês.

Você percebeu que existe uma enorme diferença entre o que o banco cobra de quem toma dinheiro emprestado e o que o banco paga para quem deixa seu dinheiro investido? A dife-

78   Saiba mais para gastar menos

rença entre os juros cobrados e os juros pagos é o *spread bancá-rio*, neste caso, de 8,3%.

Com essa informação, fica claro que:

- O cheque especial não é um brinde, e sim uma linha de crédito pré-aprovada com juros altíssimos; você ainda paga mensalmente, em seu pacote de taxas, um valor para ter esse crédito disponível, quer o utilize ou não.
- Não compensa deixar dinheiro na poupança se temos dívidas com juros maiores do que 0,6% ao mês. Fazer isso enquanto seu cheque especial está negativo é como permitir que o banco pegue seu dinheiro da poupança para emprestar a você mesmo e, em agradecimento, você ainda pagar ao banco 8,4% de juros. Percebeu? Portanto, se tem dinheiro investido e dívidas com juros a serem pagas, escolha quitá-las com o dinheiro investido para não ficar ainda mais comprometido.

Você sabe o que está incluso no pacote de tarifas que paga mensalmente?

O pacote de taxas que o banco cobra mensalmente inclui uma série de serviços, como: atendimento no guichê da agência; autoatendimento em caixas eletrônicos; atendimento por telefone; *internet banking*; acesso a extratos em máquinas de autoatendimento e fax; limite de crédito especial através do cheque especial; talão de cheques; e envio de DOC e TED. Alguns pacotes incluem também serviço de *courier*.

Cada banco disponibiliza vários serviços, pelos quais cobra uma taxa mensal. Mas é preciso prestar atenção, pois muitos dos serviços disponíveis têm limite de uso, a partir do qual deve ser paga uma tarifa extra. Atualmente, a opção mais barata para utilização dos serviços bancários é via internet. Em geral, os serviços de *internet banking* não impõem limites de uso, e as taxas para envio de DOC, por exemplo, costumam ser menos caras.

Se o banco ofereceu cheque especial, mas você não o utiliza, peça para cancelá-lo e veja seu pacote mensal de taxas diminuir drasticamente. Por exemplo, se a taxa cobrada pelo cheque especial é de 14 reais ao mês, você pode economizar cerca de 170 reais por ano com essa atitude. Esse dinheiro ainda poderá render um pouco mais se colocado numa caderneta de poupança.

Mas fique atento: caso você cancele o cheque especial e sua conta vier a exceder o saldo, o banco vai permitir que sua conta fique negativa, mas vai cobrar uma tarifa para disponibilizar o crédito (que pode girar em torno de 20 reais), ou deixar que seu cheque seja devolvido, o que também vai gerar uma tarifa em torno desse valor. Isso pode lhe causar um transtorno ainda maior, principalmente se você tem o hábito de olhar o extrato uma vez por mês; nesse caso, você só ficará sabendo do ocorrido após o cheque ter sido devolvido duas vezes por falta de fundos, e seu nome já estará no Serasa.

E não vai adiantar culpar o banco. Para viver sem cheque especial e economizar de fato é preciso disciplina e organização. Por isso, é também importante acompanhar diariamente seu extrato bancário, para evitar surpresas desagradáveis.

Se você tiver conta em dois bancos, pagando para cada um 20 reais por mês, em um ano você gastará 480 reais só em tarifas. Procure centralizar tudo em um único banco, de preferência o que lhe der mais vantagens a um menor custo, além de um bom relacionamento com a gerência. Reveja o pacote oferecido, avaliando o que realmente utilizará, e tenha um pacote econômico, que atenda a suas necessidades com o menor custo possível. Além do mais, se você centralizar todas

80 Saiba mais para gastar menos

as suas operações financeiras em um banco, aumentam suas chances de conseguir isenção da tarifa mensal, de acordo com a política de pontos que alguns bancos oferecem.

Cuidado com contas sem movimento

Muitas pessoas deixam de utilizar uma conta corrente e se esquecem de encerrá-la. Se essa conta tiver cheque especial, que é considerado saldo em conta, as tarifas continuarão sendo debitadas mensalmente, mesmo que não tenha qualquer movimento. O melhor a fazer, nesse caso, é verificar o que é necessário para encerrar a conta, estancando de imediato a cobrança de tarifas. O mesmo se aplica a contas de poupança: se uma conta tiver saldo inferior a 20 reais e ficar sem movimento, o banco poderá cobrar uma tarifa para manter a conta ativa.

Analise todos esses pontos para escolher o banco com o qual vai trabalhar: pacote de tarifas, serviços disponíveis, número de caixas eletrônicos pela cidade, política para saques de valores altos, atendimento na agência, atendimento telefônico, sistema de segurança etc. Lembre-se: o cliente é o rei, ele é a razão de um banco ou qualquer outro negócio existir. Temos de aprender a exigir mais e escolher melhor nossos fornecedores de serviços.

Cheques

Cheque especial
Anteriormente, ressaltamos que o cheque especial não é obtido por prestígio, e também não é um presente que

Saiba mais sobre bancos, financeiras e juros   81

o banco lhe concede. Ele nada mais é do que uma linha de crédito que o banco oferece para sua conta corrente, com cobrança de juros altíssimos por mês.

O cheque especial é um convite ao consumo inconsciente. Como ele está todo mês em nossa conta, acabamos nos acostumando a ver nosso saldo com aquele valor, e passamos a acreditar que aquele dinheiro é nosso. Mas não é! Esse é o caminho para se endividar e iniciar um grande transtorno em sua vida financeira.

Reflita comigo: se esse valor não constasse no saldo de sua conta, provavelmente você não cairia na armadilha de considerá-lo seu, não é mesmo? Por que, então, manter algo que pode facilitar o seu endividamento? Livre-se dessa linha de crédito o quanto antes.

Você poderá alegar: "Ah, mas o banco com o qual eu trabalho disponibiliza X dias de utilização do cheque especial sem juros". Ora, esse "benefício" só é oferecido porque a maior parte das pessoas não tem disciplina para utilizar apenas durante esse período, excede esse prazo e paga os juros completos. Então, não se deixe enganar: ninguém faz nada de graça – quase sempre haverá um ganho oculto por trás de um serviço "sem juros".

Analise com atenção: se a taxa que seu banco cobra no cheque especial for de 8% ao mês, isso significa cerca de 150% ao ano. Se compararmos com a poupança, que rende 0,5% ao mês (aproximadamente 6% ao ano), podemos perceber como o dinheiro utilizado do cheque especial é caro. Chega a ser irracional usar uma linha de crédito como essa. Mas, infelizmente, fazemos isso e achamos normal. Não levamos em conta quanto estamos desperdiçando de dinheiro com os altíssimos juros.

82 Saiba mais para gastar menos

Confira:

Cheque especial	
Valor utilizado	R$ 1.000,00
Juros	8% ao mês, ou 150% ao ano
Após 9 meses, a dívida será de R$ 2.000,00	

Investimento	
Valor investido	R$ 1.000,00
Juros	0,7% ao mês
Após 117 meses, você terá R$ 2.000,00	

Percebeu a diferença? Se você investir uma determinada quantia de dinheiro num fundo de renda fixa, levará praticamente dez anos para dobrar seu capital, ao passo que, se ficar inadimplente no cheque especial com juros de 8% ao mês, em apenas nove meses verá o valor da dívida ser duplicado. Por isso, valorize seu dinheiro, que é fruto de troca por trabalho. Evite usar crédito de qualquer espécie, principalmente os mais fáceis de obter, como cheque especial.

Cheques pré-datados

O cheque é uma ordem de pagamento à vista. Por lei, um cheque deve ser pago quando apresentado ao banco, mesmo que nele conste data posterior.

Ao emitir cheques pré-datados, você corre o risco de o receptor negociá-los com um terceiro, e este acabar depositando todos os cheques de uma só vez. Se reclamar, você certamente receberá a seguinte justificativa de quem recebeu os cheques: "Infelizmente, precisei negociar e não imaginava que isso fosse acontecer".

Por melhores que sejam as explicações dadas, elas não mudarão o transtorno causado nem o seu prejuízo. Portanto, evite os pré-datados ou utilize-os somente com pessoas nas quais você realmente confie. Coloque por escrito no contrato, recibo ou nota fiscal os números, valores e datas de depósito dos cheques. Lembre-se também de lançar em seus controles os valores desses cheques, evitando gastar além do que tem.

Cuidados básicos ao emitir cheques
- Nunca utilize canetas fornecidas por terceiros. Existem, ainda hoje, canetas cuja tinta é apagável, permitindo alterações nos dados do cheque.
- Emita cheques sempre nominais, em nome de quem está recebendo, mesmo que a pessoa alegue que vai trocar o cheque com outra pessoa. Depois, basta endossá-lo no verso e ele poderá ser depositado em qualquer conta.
- Emita sempre cheques cruzados, colocando dois riscos paralelos na diagonal, no centro do cheque. Dessa forma, quem receber o cheque precisará depositá-lo e não poderá sacá-lo.
- Se a pessoa para quem você está emitindo o cheque tiver necessidade de sacar o dinheiro, coloque apenas nominal, sem cruzar. Se a pessoa insistir para não colocar nominal, alegando que não será ela quem vai sacar o dinheiro, faça um recibo em que conste o pagamento em cheque ao portador para saque no caixa e colete a assinatura, o endereço, o telefone e o CPF de quem recebe.
- Nunca ande com o talão de cheques. Saia com o número de folhas que vai utilizar. O roubo de cheques pode lhe causar muitos transtornos.

84   Saiba mais para gastar menos

Cuidados básicos ao receber um cheque
- Ao receber um cheque de um estranho, verifique se o campo onde há os dígitos não foi remontado. Uma fraude comum atualmente é recortar esse campo e colar outro, adulterando o valor. É uma fraude quase imperceptível, mas se você passar a unha no verso, consegue perceber. Os bancos não são obrigados a ressarcir prejuízos com cheques fraudados.
- Sempre confira a assinatura do emitente com um documento, mesmo que a pessoa seja bem apresentável e não desperte qualquer suspeita.
- Se possível, cadastre-se num serviço de consulta de cheques para evitar calotes. O custo-benefício compensa.

O que é preciso saber sobre cheques sustados?
Você pode sustar um cheque imediatamente se ele for roubado, informando a ocorrência a sua agência bancária e ao serviço de proteção ao cheque, serviço pelo qual o banco cobrará uma tarifa. Em determinado banco, essa tarifa é de 10,80 reais e vale por seis meses; se, ao final desse período, a sustação não for renovada mediante pagamento de nova tarifa, o cheque poderá ser apresentado e pago.

Segundo informações no site da Federação Brasileira de Bancos (www.febraban.org.br), temos que:

> Ao sustar o cheque, você não estará livre da obrigação de pagamento, nem de ser protestado pelo fornecedor de produtos e serviços, exceto nos casos de perda, furto ou roubo, e mediante a apresentação de boletim de ocorrência.

Se você sustou um cheque por extravio ou discordância comercial, estará sujeito a ter esse cheque protestado,

Saiba mais sobre bancos, financeiras e juros   85

mesmo que se passem muitos anos e você já tenha encerrado a conta. Por isso, fique atento: sustar um cheque, se não for em caso de roubo ou furto com apresentação do boletim de ocorrência, poderá lhe trazer transtornos futuros. Se necessário, recorra a um advogado, ao Procon ou a um tribunal de pequenas causas.

Aprenda a dizer não

Por não saber negar favores, algumas pessoas acabam emprestando cheques, ou até seu nome e CPF, para que amigos ou parentes façam um financiamento. Não é raro ouvir testemunhos como esse: "Por não saber dizer 'não', acabei pagando caro por algo que não comprei". Muitos terminam com o nome negativado, por não terem recursos para pagar a dívida contraída, criando verdadeiros transtornos para a vida pessoal e familiar. Por isso, não empreste folhas de cheque e documentos para ninguém; em vez disso, se possível, ensine à pessoa que lhe fez o pedido o que já aprendeu com este livro, estimulando-a a poupar e multiplicar seus recursos antes de gastar.

Outros cuidados

Ao fazer anúncio em jornal para vender qualquer objeto seminovo (tv, geladeira etc.), deixe claro no anúncio que não aceita cheques, somente dinheiro. Dessa forma, você afastará os golpistas de plantão, que utilizam um cheque roubado no mesmo dia, ainda não bloqueado, para efetuar o pagamento. Geralmente são pessoas comuns, que até pedem para explicar como usar o aparelho. O comportamento simpático costuma livrá-los de qualquer suspeita, mas não se deixe enganar.

86　　Saiba mais para gastar menos

Se você pedir a uma dessas pessoas o RG, para conferir a assinatura do cheque, ela provavelmente apresentará uma cópia bem ilegível, em que a foto não esteja nítida, ou então alegará que o cheque é de um irmão ou parente. Se você consultar, o cheque poderá não apresentar qualquer restrição, por ter sido roubado há pouco tempo e ainda não ter sido bloqueado.

Mas como esses golpistas agem tão rápido? No dia anterior, eles pesquisam os objetos e combinam com os anunciantes de vê-los. No mesmo dia, recebem cheques que acabaram de ser roubados e saem comprando tudo o que pesquisaram. É comum que peçam para que você deposite somente no dia seguinte. Após a compensação do cheque é que você saberá que foi vítima de um golpe, e o pior: o ladrão entrou na sua casa e você nem desconfiou.

Por isso, não aceite cheques, não exponha sua casa, atenda possíveis compradores na garagem, na portaria do prédio ou em outro lugar público com mais pessoas, e somente aceite pagamento em dinheiro.

Juros

Juro é a quantia que você paga pelo dinheiro que está pedindo emprestado ou a quantia que você recebe por deixar seu dinheiro investido.

As instituições financeiras determinam a taxa de juros a ser cobrada fazendo uma composição entre a Selic (taxa de juros básica, determinada pelo Comitê de Política Monetária do Banco Central – Copom) e o *spread* (diferença entre a taxa de juros que o banco cobra nos empréstimos e aquela usada na captação de dinheiro, ou seja, a taxa de juros que o banco paga para quem deixa seu dinheiro investido). Nessa composição, são considerados também o custo da inadimplência, o custo operacional e o lucro do banco. Isso cria um abismo entre a taxa Selic e as outras taxas de juros praticadas no mercado:

Taxas	Juros/Mês*	Juros/Ano*
Selic (1)	0,74%	8,50%
Cheque especial (2)	8,76%	173,92%
Cartão de crédito nacional (2)	14,70%	418,51%
Crédito pessoal em financeiras (3)	14,71%	419,06%
Crédito pessoal em bancos (2)	4,39%	67,46%
Crédito para aquisição de veículo (2)	1,58%	20,70%
Crédito consignado (4)	2,00%	26,80%

* Vigente em maio de 2012.
Fonte: Banco Central do Brasil – www.bcb.gov.br / ?TXJUROS
(1) Reunião do Copom – 30 de maio de 2012
(2) Banco Bradesco – Maio de 2012
(3) Crefisa – Março de 2012
(4) A taxa varia de acordo com o banco escolhido

Quando o Copom determina uma queda na taxa Selic, isso se reflete nas taxas cobradas pelos bancos e financeiras, mas nada muito significativo, se levarmos em conta os valores exorbitantes que são cobrados ao final.

Veja como a taxa de juros influencia a inflação:

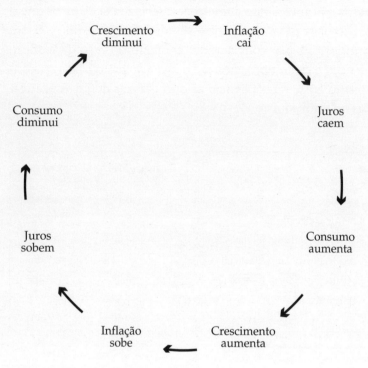

É lamentável que muitas pessoas recorram a financeiras para pagar empréstimos de bancos. Saem de um juro alto para outro ainda maior, porque já não conseguem crédito em função do nome sujo. As financeiras liberam crédito sem maiores restrições e exigências porque cobram juros altíssimos, para compensar o risco de inadimplência.

Quem recorre a uma financeira com juros altos já não tem quase nenhuma opção de crédito. O próximo passo será passar para agiotas, que fazem empréstimos informais com cheques ou promissórias e cobram cerca de 15% ao mês (435% ao ano!). Quanto menores as exigências para fornecer crédito, maior a taxa de juros cobrada para cobrir os riscos.

> Crédito fácil usado sem consciência é sinônimo de endividamento fácil.

Quando não temos consciência do real poder dos juros compostos, não damos importância a investimentos, utilizamos crédito sem planejamento e chegamos ao "efeito Titanic", que nos afunda em dívidas e causa um verdadeiro naufrágio.

Para deixar de pagar juros, precisamos multiplicar antes de gastar

Suponhamos que você acabou de pagar uma dívida e vai seguir o conselho de poupar o mesmo valor que pagava. Veja bem, poupar não é sinônimo de colocar dinheiro em caderneta de poupança, e sim de não gastar tudo o que recebe.

Colocar dinheiro em uma caderneta de poupança é investir. Você pode poupar e não investir, deixando seu dinheiro parado na conta bancária, o que, vale alertar, é um erro. Se você não vai gastar uma determinada quantia, invista, nem que seja em poupança, mas não deixe dinheiro parado na conta corrente.

Tomemos como exemplo o seguinte caso:

Dívida	
Valor (R$)	2.500,00
Parcelamento (parcelas mensais em R$)	12 x 271,50
Total a pagar (R$)	3.258,15
Juros pagos (R$)	758,15

Investimento	
Valor (R$)	271,50
Prazo do investimento	9 meses
Total poupado (R$)	2.528,45
Juros recebidos (R$)	84,95

Reflita: ter assumido uma prestação mensal de 271,50 reais significa que esse valor cabe no seu orçamento. Por que, então, não poupar o mesmo valor depois que a dívida for completamente quitada? Em apenas nove meses, você teria os recursos necessários para realizar seu sonho. Se poupar a mesma quantia por mês durante um ano, o mesmo prazo do financiamento, você acumulará 3.414,71 reais, já considerando que no investimento incide o Imposto de Renda sobre o valor dos juros na retirada.

O sonho de ter um carro através de financiamento pode virar um pesadelo

Antes de decidir comprar um carro, responda às seguintes perguntas:

1. Por que eu preciso de um carro?
2. Quanto dinheiro tenho disponível para comprar um carro?
3. Qual é a reserva mensal que tenho disponível para as parcelas de um financiamento?
4. Que tipo de carro quero comprar?
5. A compra será à vista ou financiada?
6. Se a compra for financiada, qual é o valor final do automóvel?

7. Tenho consciência das despesas que passarei a ter após a aquisição de um automóvel?

Após responder a essas perguntas, sua compra será consciente. Analisamos dois casos:

Pergunta	Situação 1	Situação 2
Por que eu preciso de um carro?	Para poder visitar clientes, pois sou representante comercial.	Para ter mais conforto, ir trabalhar e poder sair com a família no fim de semana.
Quanto dinheiro tenho disponível para comprar um carro?	Tenho R$ 10.000,00, valor que consegui com a venda do anterior, que estava me dando muitas despesas com manutenção.	Tenho R$ 5.000,00 para dar de entrada.
Qual é a reserva mensal que tenho disponível para as parcelas do financiamento?	Essas despesas estão previstas nos meus custos, e reservo R$ 600,00 por mês.	Não sei ainda, vai depender da prestação do carro.
Que tipo de carro quero comprar?	Um seminovo básico, em bom estado, para poder trabalhar.	Um zero-quilômetro, pois assim não terei despesas com manutenção por um bom tempo.
A compra será à vista ou financiada?	Financiada, pois preciso do carro para trabalhar e não posso esperar para juntar dinheiro. Vou dar R$ 10.000,00 de entrada e financiar R$ 5.000,00 em 12 meses.	Financiada. Darei R$ 5.000,00 de entrada e pagarei os R$ 20.000,00 restantes em 48 meses.
Se a compra for financiada, qual será o valor final do automóvel?	Será de R$ 17.074,92, sendo R$ 10.000,00 de entrada + 12 parcelas de R$ 589,41. No valor financiado, está embutida a TAC* no valor de R$ 350,00.	Será de R$ 43.485,92, sendo R$ 5.000,00 de entrada + 48 parcelas de R$ 801,79. No valor financiado está embutida a TAC* no valor de R$ 350,00.

* TAC: Taxa de abertura de crédito. Valores do financiamento simulados no site www.carrosnaweb.com.br.

Refletindo sobre as duas situações apresentadas, podemos dizer que:

A Situação 1 é de necessidade, pois tem como objetivo gerar dinheiro ao seu dono através das visitas a clientes. Logo, o valor das parcelas e das outras despesas será amortizado com os recursos que serão gerados. Nesse caso, o carro possibilita o trabalho, o que justifica um financiamento, feito dentro das condições possíveis no momento, procurando-se o menor valor e o menor número de parcelas possível. Temos aqui uma pessoa consciente, que opta por um meio de transporte que atinja seus objetivos, sem se importar tanto com *status* e maior conforto. O comprador está assumindo um gasto de 589,41 reais ao mês e ainda dispõe de 600 reais para despesas mensais, totalizando 1.189,41 reais por mês de despesas com o carro. Isso está previsto em seus custos. Em um ano, quando o carro for quitado, com certeza não valerá mais os 17.072 reais que foram pagos por ele. Terá sofrido depreciação, mas poderá ter gerado recursos que compensarão essa perda.

A Situação 2 é uma situação de desejo, de sonho, sem muita consciência da realidade. O valor da parcela e do seguro, acrecentando-se o do combustível, pode gerar uma despesa de 1.200 reais ao mês. Ao final dos quatro anos de financiamento, o comprador terá pagado 1,7 carro (quase dois!), e a tendência é que o seu valor esteja em 60% do valor de um carro zero-quilômetro.

Será que quem opta por comprar um carro financiado em 48 meses prevê que terá, além das parcelas do financiamento, muitas outras despesas? Veja a seguir a lista de custos gerados por um automóvel:

- licenciamento, o que inclui seguro obrigatório e IPVA;
- seguro contra roubos, acidentes e terceiros;
- combustível;

- revisões periódicas, com troca de óleo e filtros;
- revisão e manutenção de pneus;
- manutenção de freios e embreagem;
- estacionamento;
- garagem, se não tiver uma própria para guardá-lo;
- lavagens;
- manutenção mecânica e elétrica.

Não basta comprar o carro; é preciso ter condições de mantê-lo sem desequilibrar o resto do orçamento.

Se, na Situação 2, o comprador tivesse poupado 1.200 reais por mês em um fundo de renda fixa que rende 1% ao mês, acumularia em apenas vinte meses o valor de 26.040,51 reais, já descontados os 15% que incidem sobre os rendimentos no saque. Ou seja: em menos da metade do tempo, poderia comprar o carro no valor de 25.000 reais à vista e com uma sobra para despesas iniciais com documentação, IPVA e licenciamento.

Definitivamente, *carro não é investimento*. Mais uma vez, é preciso estar atento ao fator emocional: a ansiedade e a necessidade de satisfação a curto prazo nos levam ao imediatismo de comprar as coisas hoje pagando juros – isto é, jogando dinheiro fora –, em vez de poupar, investir e planejar a compra à vista com poder de negociação, economizando dinheiro.

Deve-se proceder da mesma forma na análise das compras de eletrodomésticos, eletroeletrônicos e artigos de informática, que viraram uma febre de consumo. Responda às perguntas:

1. Por que eu preciso disto?
   Exemplo: Eu realmente preciso trocar de computador? Ele está limitando o meu desempenho profissional ou apenas quero ter um micro superpotente para jogar em rede com os amigos?

94   Saiba mais para gastar menos

2. Quanto dinheiro tenho disponível para a compra?
   Se a troca for para lazer, só se justifica se houver dinheiro
   sobrando ou se a pessoa tiver poupado dinheiro para esse
   fim. Financiar, nem pensar.

3. Se a compra for financiada, qual será o valor final do produto?
   Analise sempre o valor final que será pago, não apenas o
   valor das prestações.

4. Com base na resposta anterior, reflita se vale a pena comprar agora ou se é melhor poupar, para multiplicar o dinheiro e comprar à vista depois.

   Agora é você quem decide!
   Elimine de uma vez por todas a ideia de que sem dívidas
não se consegue nada. Pare de desperdiçar seu dinheiro, que –
sempre vale lembrar – é fruto de troca por trabalho, pagando
juros desnecessariamente.

Cartão de crédito

Costumamos dizer que o cartão de crédito é uma das
maiores invenções dos últimos tempos. Com ele, é possível
comprar tudo aquilo de que *não* precisamos com o dinheiro
que *não* temos. Isso não é incrível?

Brincadeiras à parte, a constatação a seguir certamente poderá ajudá-lo a melhorar sua vida financeira:

É possível viver sem cartão de crédito, e é ótimo!

Quando forneço consultoria pessoal, percebo a insegurança das pessoas em cancelarem seus cartões. É como se ficassem sem apoio. Alguns alegam, inclusive, que não estão preparados para ficar sem o cartão.

Lembre-se de que, quando recorre ao cartão de crédito, você está usando seu dinheiro antecipadamente, muito antes de recebê-lo, mas tem a ilusão de que o possui – esse é o efeito psicológico do limite do cartão! Coloque os pés no chão e abra os olhos para a realidade: o que você gastar com um cartão de crédito terá de pagar depois com o seu dinheiro, com o seu esforço de trabalho.

Se, no dia do vencimento da fatura, você não quitá-la integralmente, o restante do saldo será acrescido do juro mensal, que, como vimos anteriormente, é de em média 11,90% ao mês. Lembrando que a taxa Selic, a taxa de juros básica do país, é de 8,50% ao ano, não podemos nos permitir pagar juros tão altos. Utilize o cartão apenas se tiver certeza de que conseguirá pagar a fatura integralmente.

Outro detalhe importante: para ter um cartão de crédito, é preciso pagar uma anuidade e, nos grandes centros, onde há violência e muitos roubos de cartões, somos ainda obrigados a pagar mensalmente um seguro, que cobre qualquer despesa feita pelo ladrão.

Se você ainda não se convenceu de que é possível viver sem cartão de crédito e pretende continuar utilizando esse recurso, busque um banco que o isente da anuidade e ofereça benefícios interessantes, como acúmulo de milhagens por pontos na utilização.

Se sua preocupação é o *status*, imagine várias operadoras lhe oferecendo cartões de crédito via telefone e você dizendo: "Não quero, obrigado!" Isso é *status* – você ter crédito, mas escolher não utilizá-lo, pois sabe que não precisa dele para viver, nem para provar nada a ninguém.

Se você viaja muito, sem dúvida o cartão de crédito facilita sua vida por diminuir riscos de roubo de dinheiro; contudo, fique sempre muito atento ao seu limite de gastos e não ao oferecido pelo cartão. Aqui vai uma dica: para não perder o controle do seu limite de gastos com cartão, tenha uma cadernetinha sempre à mão, com o valor máximo que poderá gastar; a cada compra, faça a subtração. Desse modo, você monitora seu limite para não excedê-lo nem ter que gastar com juros depois. Experimente!

As propagandas de cartões de crédito são lindas, muitas vezes nos emocionam, mas preste atenção: todas elas têm por objetivo nos fazer acreditar que temos de viver intensamente o hoje (*carpe diem!*). Podemos até concordar com essa filosofia de vida, mas não devemos confundir o "viver intensamente" com o "comprar o que der na telha". No entanto, é exatamente o que muita gente entende quando a propaganda diz "porque a vida é agora" ou "há coisas que o dinheiro não compra, mas para todas as outras utilize seu cartão de crédito".

Ao nos transportarem da nossa realidade – muitas vezes dura ou até cruel – para um mundo maravilhoso, onde tudo é bonito e sensível – exatamente como gostaríamos que fosse a vida –, as propagandas de cartão de crédito, com seu apelo ao consumo, acabam por nos induzir a acreditar ilusoriamente que o cartão poderá fazer com que aquele mundo perfeito se torne realidade. 1, 2, 3... acorde! A realidade, por mais difícil que seja, é esta em que vivemos. Se não sairmos desse mundo da fantasia preconizado pelas empresas de cartão de crédito, acabaremos deprimidos ao primeiro confronto com o mundo real e seus problemas.

Assistindo a uma palestra sobre finanças pessoais, em que se falava dos perigos do cartão de crédito usado de forma inconsequente, levando ao endividamento, uma senhora quis falar:

— Olha — disse ela —, eu adoro ter cartões de crédito. Meu maior prazer é abrir a carteira e ter esses cartões todos para exibir. Eu só pego os que me enviam sem anuidade por um ano. Aí cancelo. Não uso, mas adoro exibir. Isso me faz sentir importante.

O palestrante, um psicólogo que atendia casos de endividamento em terapia, disse a ela que o valor dela nenhum cartão de crédito poderia expressar. Ela era importante, independentemente de ter ou não cartões. Ela só precisava acreditar nisso.

Agora você já sabe que:

- Deve evitar utilizar cheque especial, cartões de crédito e todas as outras formas disponíveis de crédito, evitando usar seu dinheiro – fruto de esforço de trabalho – para pagar juros altíssimos.
- Deve centralizar tudo em único banco, de preferência o que tenha menores tarifas e melhores serviços.
- Deve encerrar contas sem movimento, para evitar débitos de tarifas que se multiplicam todos os meses com os juros compostos.
- Deve ter cuidado ao emitir cheques pré-datados, pois eles podem ser depositados todos de uma só vez e o banco pagará se houver saldo disponível. Se não houver, voltarão sem fundos, gerando taxas pela devolução, e colocarão seu nome na lista negra.
- Não deve emprestar seus cheques para outras pessoas. Você corre o risco de tomar um calote e ter de arcar com uma dívida que não é sua.
- Juros consomem grande parte do nosso dinheiro e, portanto, devemos abolir a compra financiada de qualquer produto.
- O ideal é gastar menos do que se recebe para poder investir e multiplicar seu dinheiro, e fazer compras apenas à vista.
- O controle da ansiedade pode gerar muita economia e evitar que sonhos realizados através de financiamentos se tornem pesadelos.

- É necessário abolir, de uma vez por todas, a ideia do endividamento como algo positivo. Sem dívidas, se consegue mais e melhor. Viver sem dívidas é ótimo.

CAPÍTULO 6

Saiba mais sobre renegociação de dívidas

Muitas pessoas devem ter lido o sumário deste livro e vieram diretamente para este capítulo. Pularam o restante, pois o que lhes interessa está aqui.

Se você agiu dessa forma, é necessário dizer que a leitura deste capítulo não será suficiente para resolver definitivamente seus problemas de endividamento, se você não se dispuser a ler e a colocar em prática tudo o que dissemos nos cinco capítulos anteriores. Faça um esforço; certamente valerá a pena.

Renegociar dívidas é uma tarefa difícil. É comum que não saibamos por onde começar e nos sintamos desencorajados a enfrentar aquilo que nos desagrada. No entanto, como ensina Milton Nascimento, "é preciso ter força, é preciso ter garra, é preciso ter gana sempre".

Respire fundo e responda: "Como eu me sinto com essa situação?" Olhe para dentro de você e seja extremamente sincero. Ninguém estará ouvindo sua resposta a não ser você mesmo, portanto não há o que tentar camuflar.

102   Saiba mais para gastar menos

Agora que você já sabe como se sente, gostaria de mudar isso para sensações de alívio e felicidade? Certamente sim. Então, terá de agir para alcançar esse objetivo. Chegou a hora de colocar em prática o "A" do EPA! – conceito sobre o qual conversamos no Capítulo 4 – e agir: agir para transformar sua vida; agir para solucionar seus problemas; agir para se sentir feliz novamente. Não há dúvidas de que você é capaz de fazer essa transformação e de muito mais.

Adiante serão abordados alguns passos para orientá-lo; entretanto, o que fará essas negociações darem certo é a postura de vencedor que você assumir diante delas. Ninguém vai querer negociar com um derrotado, sem brilho nos olhos, sem esperança de um futuro melhor. Para quê?

Se, no entanto, você mostrar que realmente deseja resgatar sua vida financeira e deixá-la saudável e próspera, com certeza acreditarão em você e o ajudarão nessa transformação. Os bancos e as financeiras trabalharão para restabelecer seu crédito, para que você volte a consumir o mais rápido possível. Porém, daqui em diante, tudo será diferente. Você restabelecerá seu crédito e voltará a consumir, sim, mas com inteligência financeira.

Vamos a alguns passos para renegociar suas dívidas:

1. Não fuja de seus credores e não adie as ações necessárias.
2. Faça um levantamento real de tudo o que deve, para quem deve, há quanto tempo deve. Relacione.
3. Se tiver os contratos ou acordos, verifique os juros de cada uma das dívidas e coloque na lista. Se não tiver essa informação, pergunte ao credor.
4. Priorize as dívidas com juros mais altos para negociar.
5. Faça um levantamento dos recursos extras que poderão ser utilizados para amortizações, como 13º salário, bonificações, prêmios, férias etc.

Saiba mais sobre renegociação de dívidas   103

6. Faça um levantamento de tudo que pode ser vendido para levantar recursos, ou mesmo de algum bem comprado e não pago, que possa ser devolvido e cuja quitação do débito possa ser negociada. Em alguns casos, esta é a melhor opção.

7. Vá direto ao credor, não negocie com intermediários. Peça um extrato detalhado da dívida: valor principal, taxa de juros, multas... enfim, tudo o que está sendo cobrado. Não se angustie com o valor, nem se sinta derrotado. Parta para a negociação da forma mais racional e consciente que puder.

8. Analise o extrato e contemple os seguintes pontos na negociação:

- Acerte multas de, no máximo, 2%, conforme a Lei de Defesa do Consumidor.
- Negocie a diminuição dos juros para uma taxa muito menor, para que a dívida despenque do absurdo para algo pelo menos passível de ser pago.
- Divida o valor em parcelas que você realmente consiga pagar mensalmente, sem atrasar – ou então perderá tanto a negociação quanto a sua credibilidade.
- Se você conseguir levantar o valor à vista antecipando férias e 13º, ou através de um crédito consignado com juros muito menores que o do credor, negocie uma redução ainda maior da dívida.
- Não pague valores referentes a despesas com cobrança ou honorários advocatícios, pois estas são de quem contratou o serviço (se estiverem no extrato, peça exclusão).

9. Assim que firmar uma negociação por escrito, o credor deverá solicitar a exclusão do seu nome da lista negra. Mas, cuidado! Seu crédito pode ter sido restabelecido,

mas sua saúde financeira ainda não. Lembre-se do seu propósito de se sentir feliz novamente, aliviado, sem dívidas. Tenha determinação para cumprir os acordos firmados nas negociações, levando em conta que, em breve, tudo isso terá um fim.

E não custa relembrar: consumir, de agora em diante, somente à vista, utilizando sua inteligência financeira.

Agora você já sabe que:

- Renegociar dívidas é agir a seu favor.
- Devem ser priorizadas negociações de dívidas com juros maiores.
- É preciso buscar no fundo de si mesmo coragem para o enfrentamento e não se deixar abater pelos números. Você é maior que eles e poderá, com determinação e disciplina, superar a situação.

Tudo é negociável e pode ser superado se você estiver disposto a lutar por isso. Se, no entanto, você desistir no meio do caminho, estará dizendo a si mesmo que prefere continuar como está. Será que é isso que você deseja?

CAPÍTULO 7

Saiba mais sobre crédito consignado

O crédito consignado foi criado pelo governo federal em 2003, através de uma medida provisória (MP 130), com o intuito de dar ao trabalhador acesso a crédito com juros menores.

O que ninguém imaginava era que um recurso criado para melhorar a qualidade de vida do trabalhador acabaria se transformando em mais um meio de endividamento, agravando – e muito – a sua situação financeira. O mesmo vem acontecendo agora com aposentados e pensionistas do INSS, que também têm esse crédito disponível. Isso acontece por não sabermos utilizar o crédito conscientemente.

Quando, então, vale a pena utilizar o crédito consignado? Quando ele proporciona uma economia no pagamento de juros de outras dívidas. Como vimos no capítulo anterior, o crédito consignado pode ser a saída para reduzirmos o valor final em uma negociação, propondo quitação do débito à vista. Ele também é adequado para financiar algo irremediável, urgente, de necessidade real, como um conserto de telhado, que é caro e não pode ser deixado para depois.

Vamos analisar: se você tem uma dívida com juros de 5% ao mês e os juros do crédito consignado são de 2% ao mês, vale a pena amortizar a dívida com juros maiores utilizando um crédito com juros menores. Contudo, se você tem uma dívida com juros de 1,5% ao mês e os juros do crédito consignado são de 2% ao mês, não é recomendável utilizá-lo.

É importante saber qual é o seu limite antes de tomar crédito. O crédito consignado é limitado a 30% do valor líquido do salário. Porém, nestes 30% não são considerados valores de créditos com cooperativas, compras em farmácias conveniadas etc. Portanto, você pode já ter seu salário comprometido com outras dívidas consignadas e, se utilizar mais esse crédito, poderá receber apenas uma pequena parcela do seu salário. Por isso, antes de usar o consignado, pense no reflexo que causará no seu orçamento receber todo mês seu salário com essa quantia a menos.

O que é preciso saber sobre crédito consignado:

- Não é um crédito "barato", com juros insignificantes. É apenas um crédito com juros menos abusivos do que os praticados no mercado.
- As parcelas mensais serão abatidas do seu salário; logo, você terá de conviver com as mesmas despesas mensais (alimentação, escola, aluguel, água, luz, telefone etc.), com esse valor a menos no final do mês.
- Nenhum crédito, muito menos o consignado, deve ser utilizado para compra de eletroeletrônicos, equipamentos de informática, eletrodomésticos ou mobília. Isso você pode conquistar utilizando sua inteligência financeira, poupando todo mês, multiplicando o dinheiro. Você não precisa pagar juros para adquirir esses bens.
- Se você for aposentado ou pensionista do INSS, não tome crédito consignado para favorecer familiares. Você não precisa

correr esse risco. Saiba dizer não. Use-o apenas, e se necessário, a seu favor, sabendo que o ideal é não utilizá-lo.

Muitas pessoas não se dão conta de que o crédito deve ser utilizado para tornar nossa vida melhor, não pior. Um dos bons usos desse tipo de crédito é alavancar negócios que possam multiplicar seus recursos. Por exemplo: você tem aptidão para vendas e gostaria de revender algum tipo de produto para complementar sua renda mensal, mas não tem verba para iniciar o negócio; ou você tem alguém em sua família que gostaria de ter um negócio que pudesse ser feito em casa, nas horas vagas. Para viabilizar esse negócio, talvez você precise investir em alguma máquina, na reforma de um ambiente, ou mesmo num pequeno estoque inicial.

Em ambos os casos, recomenda-se que você recorra ao Sebrae e solicite informações através da coleção *Comece certo*, ou então peça uma consultoria específica. Depois disso, siga as seguintes recomendações:

- Saiba qual é a verba inicial necessária, como fazer os controles de fluxo de caixa e como formar o preço de venda de cada produto (incluindo corretamente a margem de lucro), pré-requisitos para o sucesso de qualquer tipo de negócio.
- Depois de adquirir conhecimento sobre como administrar esse micronegócio, pesquise a viabilidade de um empréstimo para iniciá-lo. Lembre-se de que as parcelas desse empréstimo deverão caber no seu orçamento até que a renda gerada pelo negócio seja suficiente para pagar os custos.
- O dinheiro proveniente de resultados nesse negócio não é brinde – é o que você recebeu pela revenda de um produto ou prestação de serviços. Dele você deverá tirar todos os custos, como o valor do produto, os impostos a serem pagos, o valor correspondente à parcela do empréstimo, as despesas bancárias etc., para, só então, lançar mão do lucro.

- Para que você veja esse dinheiro crescer e valorize seus resultados, sugerimos utilizar uma conta bancária separada para administrá-lo e, se possível, ter a disciplina de movimentá-la para retirar os lucros apenas uma vez ao mês. Observe que não há contradição entre esta medida e o que dissemos anteriormente sobre centralizar tudo em uma única conta corrente. Neste caso, usar uma única conta pode fazê-lo se perder na administração do negócio. Então, o custo mensal das tarifas de uma outra conta terá um benefício no final.

Agora você já sabe que:

- Crédito consignado é uma linha de crédito com taxas de juros menores dos que as praticadas no mercado e existe para que trabalhadores, aposentados ou pensionistas do INSS possam melhorar sua qualidade de vida, e não para que fiquem endividados.
- Toda e qualquer linha de crédito deve ser utilizada de forma consciente e racional, considerando a relação custo-benefício e o reflexo que causará na sua renda mensal.
- Créditos, de modo geral, devem ser utilizados apenas para alavancar novos recursos financeiros ou em casos extremamente emergenciais.

CAPÍTULO 8

Saiba mais sobre investimentos

O objetivo maior deste livro, como foi dito anteriormente, é ajudá-lo a ter uma vida financeira saudável, resgatando sua paz e qualidade de vida. No entanto, é importante que, após colocar a vida financeira em ordem, você dê mais um passo: invista o que poupar, multiplique por meio de investimentos os recursos que não gastou. Os diversos tipos de investimento serão abordados a seguir, de forma resumida. Aconselho uma pesquisa mais ampla sobre o tema, para que você possa fazer as melhores escolhas.

Quando falamos em investimento, logo vêm à mente recursos como poupança, fundos, ações ou algo ligado à Bolsa de Valores ou aos bancos. De modo geral, investir é aplicar o seu dinheiro em algo que o multiplique. Podemos dizer, por exemplo, que ao comprar este livro você fez um investimento, uma vez que, se praticar o que leu aqui, poderá fazer seu dinheiro render muito mais através do conhecimento.

Os investimentos nem sempre trazem resultados imediatos. Dependendo do tipo de investimento, o retorno poderá

114   Saiba mais para gastar menos

ocorrer a curto, médio ou longo prazo. Fazer um curso de pós-graduação ou MBA, por exemplo, é um investimento em sua carreira que poderá lhe render uma promoção, com um salário melhor, a curto ou médio prazo. Todavia, comprar um terreno em um loteamento novo, num lugar em franca expansão, é um investimento de longo prazo – você terá de esperar o local ter infraestrutura de água, luz, esgoto e asfalto para obter bom lucro na venda. Fazer um plano de previdência privada é também um investimento de longo prazo, que visa garantir um complemento da renda quando a aposentadoria chegar.

Para investir, é preciso que sobre dinheiro todo mês, e para isso temos de gastar menos do que recebemos. Este é um grande desafio e, para alguns, uma missão quase impossível.

Ainda assim, certamente sobrará dinheiro para investir se você seguir tudo o que dissemos nos capítulos anteriores, ou seja:

- Usar o dinheiro racionalmente, evitando compras desnecessárias.
- Fazer um planejamento, deixando claro para você mesmo quais são suas metas e o que você quer para sua vida.
- Multiplicar recursos antes de gastar, evitando pagar juros que consomem seu dinheiro – que nada mais é do que seu esforço de trabalho convertido em moeda.
- Aplicar o EPA!, montando um orçamento com dados reais de modo a saber para onde vai seu dinheiro e o que pode ser reduzido ou eliminado no orçamento.
- Agir com eficácia para colocar em prática o que precisa ser feito, a fim de reduzir suas despesas e multiplicar suas receitas.
- Evitar pagar tarifas bancárias desnecessárias, mesmo que os valores sejam pequenos.
- Negociar suas dívidas, reduzindo o máximo possível o valor de juros e multas.

Se, mesmo depois de ter enxugado seu orçamento, ainda não sobrar dinheiro para investir, será preciso encontrar uma forma de aumentar sua renda – talvez um trabalho complementar, como dar aulas ou revender algum produto, ou ainda outro membro da família passar a trabalhar, de modo a aumentar a renda familiar.

É importante você perceber que não existe mágica para tornar sua vida financeira mais saudável. Os resultados sempre dependerão de suas escolhas, ações e inteligência financeira.

Investimentos financeiros

Antes de investir é importante:

1. Ter um objetivo claro, respondendo às questões:

- O que eu quero?
- Como eu quero?
- Quanto vai custar?
- Em quanto tempo quero realizar este objetivo? (curto prazo, isto é, menos de dois anos; médio prazo, entre três e cinco anos; ou longo prazo, acima de cinco anos)

2. Saber qual é o seu perfil como investidor:

- Conservador: prefere abrir mão da rentabilidade para não correr o risco de perdas de capital.
- Moderado: aceita flutuações de preços, desde que haja perspectivas de ganhos moderados.
- Arrojado: seu foco está em lucros elevados e, por isso, aceita correr risco em investimentos de resultado incerto.

116   Saiba mais para gastar menos

3. Analisar o investimento quanto a:

- Risco: representa a incerteza da rentabilidade – quanto maior o risco, maior a rentabilidade.
- Liquidez: a rapidez com a qual você transforma o investimento em um dinheiro que retorne à sua mão novamente.
- Rentabilidade real: quanto você receberá pela aplicação depois de descontados impostos, taxas de administração, performance, carregamento e também a taxa de inflação. Se o rendimento não for acima da inflação no período em questão, o seu dinheiro perderá poder de compra com o passar do tempo. Não basta render: é preciso render acima da inflação para se ter ganho real. Portanto, antes de decidir sobre um investimento, procure saber o seu ganho real, e não apenas o rendimento mensal (rendimento real = rentabilidade nominal – taxa de inflação).*
- Impostos: alíquotas que incidem sobre os rendimentos ou sobre o valor total do investimento.
- Prazo: o tempo que terá de esperar para ter o retorno desejado e poder resgatar seu dinheiro. O prazo determina a liquidez do investimento, ou seja, o grau de facilidade para transformá-lo em dinheiro no seu bolso novamente.
- Valor mínimo para aplicação e valor mínimo para movimentação.

---

* Existe uma regra chamada Regra 72: se dividirmos 72 pela taxa anual de inflação, encontraremos o número de anos necessários para o preço atual dobrar de valor. Por exemplo, se a taxa de inflação anual foi de 4%, divide-se 72 por 4. O resultado é 18, ou seja, levará 18 anos para que determinado preço dobre de valor com essa inflação anual. (Fonte: Anbid – Guia de Investidores)

Analise esses itens para ver se o investimento atende à sua necessidade, de acordo com seus objetivos, e se é adequado ao seu perfil de investidor.

Regras básicas para investir

1. Saiba com clareza quais são os seus objetivos, o prazo do investimento, o seu perfil como investidor e o tipo de investimento que atende às suas necessidades.
2. Diversifique: não coloque todos os seus recursos num único tipo de investimento. Mantenha seus recursos em fundos com diferentes objetivos, riscos e prazos. Isso permitirá a preservação de seu capital mesmo em momentos de crise.
3. Deposite todo mês: o depósito contínuo, mensal, rende mais do que o depósito de uma única quantia de vez em quando. Tenha disciplina e invista mensalmente.
4. Mantenha-se informado sobre o cenário econômico do país, a inflação, a taxa de juros Selic. Também procure saber qual é a melhor data para aplicação, a melhor oportunidade para o resgate, os impostos que incidem e a data em que são recolhidos, os custos com taxa de administração, taxa de performance e taxa de carregamento.
5. Leia sempre as informações sobre o fundo, como objetivo, política de investimento, risco, regras e tributação.
6. Comece a investir o mais cedo possível.
7. Acompanhe a situação de suas aplicações.
8. Tenha sempre uma cópia dos documentos da aplicação.

Tabela 1 – IOF regressivo*

Prazo (dias corridos)	% do IOF sobre o rendimento	Prazo (dias corridos)	% do IOF sobre o rendimento
1	96	16	46
2	93	17	43
3	90	18	40
4	86	19	36
5	83	20	33
6	80	21	30
7	76	22	26
8	73	23	23
9	70	24	20
10	66	25	16
11	63	26	13
12	60	27	10
13	56	28	6
14	53	29	3
15	50	30	0

*Vigente em maio de 2012.

Tabela 2 – Alíquotas do Imposto de Renda em fundos de longo prazo (com prazo médio igual ou superior a 365 dias)*

Resgate da aplicação	Alíquota de IR sobre o rendimento
Em até 6 meses	22,59%
De 6 a 12 meses	20%
De 12 a 24 meses	17,50%
Após 24 meses	15%

* Vigente em maio de 2012.

Saiba mais sobre investimentos   119

Tabela 3 – Alíquotas do Imposto de Renda em fundos de curto prazo (com prazo médio igual ou inferior a 365 dias)*

Prazo de aplicação	Alíquota de IR
Até 180 dias	22,50%
Acima de 180 dias	20%**

* Vigente em maio de 2012.
** Mesmo que permaneça com o investimento por um prazo superior a um ano, se o investimento for de curto prazo não terá alíquota inferior a 20%.

Tabela 4 – Imposto de Renda sobre fundo de ações*

Alíquota
Alíquota única: 15%**

* Vigente em maio de 2012.
** Tributação no resgate sobre o ganho que obtiver com o investimento.
(Fonte: Anbid, *Guia do Investidor*)

Informações importantes

Imposto sobre Operações Financeiras (IOF): imposto cobrado se houver resgate ou liquidação antes do 30º dia de aplicação. Varia de 96% sobre os rendimentos, para resgates após um dia, a 3%, para resgates após 29 dias.

Taxa de administração: valor pago pelos cotistas de um fundo para todos os prestadores de serviço.

Taxa de performance: taxa cobrada quando a rentabilidade do fundo supera a variação de um indicador de referência.

Fundo Garantidor de Crédito (FGC): fundo criado para oferecer garantia a determinados créditos mantidos por correntistas ou investidores contra instituições financeiras submetidas a regime especial de liquidação extrajudicial. Por exemplo, se o banco em que você tiver um investimento (como uma caderneta de poupança) "quebrar", você terá garantido, por CPF, o valor total de 70.000 reais. Se você tiver várias cadernetas de poupança (todas com o mesmo CPF) na mesma instituição, e esta sofrer intervenção, mesmo que a soma de todas ultrapasse os 70.000 reais este será o valor máximo garantido.

Tipos de investimento

A seguir, confira uma lista dos principais tipos de investimento. Analise as características de cada um para fazer sua escolha de forma mais consciente e segura.

Caderneta de poupança

É o mais popular dos investimentos no Brasil. Por ter baixo risco, alta liquidez e isenção de Imposto de Renda, acaba sendo a opção mais fácil para leigos. Você pode abrir uma caderneta de poupança mesmo que não tenha conta corrente no banco. É um investimento isento de IR e IOF.

Risco	Liquidez	Rentabilidade	Imposto	Prazo
Baixo	Alta	6,17% ao ano + TR para depósitos anteriores a 4 de maio de 2012. Depósitos feitos após essa data seguem a nova regra, descrita adiante.	Isento	Curto

A nova regra da poupança determina que, quando a taxa Selic for igual ou menor que 8,5% ao ano, o rendimento da poupança passará a ser 70% da taxa Selic + TR. Por exemplo, com a Selic a 8%, o rendimento da caderneta de poupança fica em 5,6% ao ano + TR. Quando a Selic for superior a 8,5% ao ano, a poupança renderá 6% ao ano + TR. Essa regra é válida somente para depósitos feitos a partir de 4 de maio de 2012. Os depósitos realizados antes do dia 4 de maio de 2012 não sofrem nenhuma alteração e têm garantido o rendimento fixo de 6,17% ao ano + TR pelo tempo em que forem mantidos em poupança.

Certificados de Depósito Bancário (CDB)

São emitidos por bancos, ou seja, é como se você emprestasse seu dinheiro ao banco e, por esse empréstimo, recebesse juros ao final do prazo determinado. Podem ter seus rendimentos pré ou pós-fixados. Não têm renovação automática: ao final do prazo, deverá ser feita nova contratação, sob condições renovadas. Alguns bancos oferecem a opção de aplicação e renovação via internet. Não são cobradas taxas de administração, de carregamento ou performance.

Risco	Liquidez	Rentabilidade	Imposto	Prazo
Baixo	Média	De acordo com as taxas de juros, ou então ligada a um indexador	Resgates em prazo inferior a 30 dias terão incidência de IOF, conforme Tabela 1. Há recolhimento de IR na fonte, conforme Tabela 2 ou Tabela 3, de acordo com o prazo escolhido.	Variável

122 Saiba mais para gastar menos

Fundos DI
Buscam uma rentabilidade atrelada ao rendimento do Certificado de Depósito Interbancário (CDI). Investem em ativos pós-fixados, que acompanham a variação da taxa de juros. Possuem taxa de administração anual.

Risco	Liquidez	Rentabilidade	Imposto	Prazo
Baixo	Alta	Taxa DI	Resgates em prazo inferior a 30 dias terão incidência de IOF conforme Tabela 1. Há recolhimento de IR na fonte.	Curto

Fundos de ações
São fundos que devem ter, no mínimo, 67% da carteira alocada em ações negociadas em Bolsa de Valores. Possuem taxa de administração anual.

Risco	Liquidez	Rentabilidade	Imposto	Prazo
Alto	Média	Variável	15% de IR sobre os ganhos	Longo

Ações
Comprar ações significa adquirir parte do capital de uma empresa. As ações são negociadas na Bolsa de Valores. Conforme conselho de especialistas, há três pontos essenciais para investir com mais segurança: (1) a carteira de ações deve ser diversificada; (2) as ações precisam ser de empresas sólidas e com perspectivas de futuro; (3) o investimento deve ser de longo prazo (mais de 5 anos). Esse investimento contém

custos operacionais, que incluem taxa de corretagem e emolumentos de compra e venda.

Risco	Liquidez	Rentabilidade	Imposto	Prazo
Alto	Varia de acordo com a ação comprada	Variável	15% de IR para movimentações acima de 20.000 reais no mês	Longo

Esse é um resumo das suas opções de investimento. A variedade é muito grande, e tenho certeza de que uma delas se encaixa no seu perfil e atende aos seus objetivos no prazo desejado. O melhor caminho é buscar ajuda com um consultor financeiro, que, pelo conhecimento do assunto e pela neutralidade – uma vez que não faz parte da instituição que vende o produto –, poderá ajudá-lo a escolher o que realmente é melhor para você.

Assim como buscamos um nutricionista para orientação alimentar e um técnico para configurar e instalar um computador, devemos buscar um consultor financeiro para nos instruir e propor soluções.

Agora você já sabe que:

- Antes de investir, é essencial ter em mente qual é o seu perfil de investidor, o prazo em que precisará resgatar o investimento e quais são os seus objetivos.
- É preciso acompanhar não só os rendimentos dos investimentos, mas também a variação do Índice Geral de Preços do Mercado/FGV (IGP-M), que mede a inflação. Se o rendimento for inferior à inflação, seu dinheiro perderá o poder de compra.
- O melhor investimento é aquele que fará você atingir os seus objetivos sem que perca sua tranquilidade.
- Toda categoria de investimento apresenta algum risco.

CAPÍTULO 9

Saiba mais sobre previdência privada

Levando-se em conta que o teto máximo pago pelo INSS em junho de 2012 era de 3.916,20 reais (o equivalente a pouco mais que seis salários mínimos), se você ganha mais que o teto, deve começar a poupar imediatamente, para complementar sua renda na aposentadoria. Para quem está iniciando a carreira, também é importante já começar a poupar, uma vez que o futuro da previdência social é totalmente incerto.

A tabela na página seguinte mostra a defasagem entre o salário do trabalhador ativo e o teto máximo a ser recebido na respectiva aposentadoria.

Se você ainda não havia parado para pensar nisso, chegou a hora. Garanta sua qualidade de vida na aposentadoria, período em que muitos têm tempo, mas poucos têm dinheiro para usufruir desse tempo como gostariam.

Salário	% máxima paga pelo INSS	Perda na renda mensal
R$ 4.000,00	98%	2%
R$ 5.000,00	78%	22%
R$ 10.000,00	39%	61%
R$ 20.000,00	19,50%	80,50%

O que é previdência privada?

Previdência privada é uma forma de garantir uma renda complementar para manter seu padrão de vida durante a aposentadoria. A carteira de investimentos desses planos varia de 100% com renda fixa até 49% com renda variável, permitindo ao investidor escolher o plano mais adequado ao seu perfil.

A vantagem de investir em previdência privada é que o Imposto de Renda é recolhido somente na hora do resgate e não mensalmente, como em outros fundos de investimentos. As desvantagens são as taxas de administração (cobradas anualmente) e de carregamento, até um determinado período do investimento.

Plano Gerador de Benefícios Livres (PGBL)

Indicado para pessoas físicas que fazem a declaração completa do Imposto de Renda. Há uma variação entre os diversos bancos sobre a contribuição inicial para este plano. Portanto, verifique antes essa informação no banco e avalie se ela cabe no seu orçamento. Os resgates poderão ser feitos a partir de 60 dias.

Saiba mais sobre previdência privada 127

O participante do PGBL tem dois custos básicos: a taxa de carregamento de 1% a 5%, que incide sobre as contribuições mensais e aportes; e a taxa de administração, que varia de 1,5% a 5% ao ano (há empresas que cobram até 10% ao ano). Essa taxa é cobrada sobre o capital total, o que inclui os rendimentos. Muita atenção nesse ponto: são taxas caras, que podem prejudicar muito o rendimento da carteira.

A vantagem é que, se você for contribuinte do INSS investir em PGBL, poderá abater até 12% da sua renda tributável na declaração completa de Imposto de Renda. Esse plano apresenta a desvantagem de que, quando você resgatar o dinheiro acumulado, o Imposto de Renda incidirá sobre o valor total, e não apenas sobre o valor dos rendimentos, como acontece em outros investimentos.

Plano de Vida Gerador de Benefícios Livres (VGBL)

Este plano é indicado para pessoas físicas que fazem a declaração simplificada do Imposto de Renda ou são isentos. Assim como no PGBL, há uma variação entre os diversos bancos sobre a contribuição inicial. Verifique no banco essa informação e veja se a contribuição cabe no seu orçamento. Resgates poderão ser feitos a partir de 12 meses.

A vantagem desse plano é que a tributação do Imposto de Renda incidirá somente no valor do rendimento acumulado até o resgate. A desvantagem é que ele não permite dedução da renda bruta nos cálculos de Imposto de Renda.

Importante: tanto no PGBL quanto no VGBL, em caso de falecimento do participante os beneficiários poderão resga-

128   Saiba mais para gastar menos

tar os valores acumulados. Outro ponto essencial é que em nenhum dos dois tipos de plano de previdência há garantias de rendimentos até o final do plano. Portanto, sempre esteja atento ao mercado financeiro, às novas leis, ao novo cenário para poder tomar decisões corretas na hora certa.

Ao fazer uma previdência privada, você precisa optar pelo sistema de tributação, que pode ser o regime progressivo ou regressivo. Ambos têm vantagens e desvantagens. O importante é saber o que você quer para saber qual a melhor opção, já que esta não poderá ser alterada posteriormente.

A decisão de qual é o melhor plano de previdência privada para você deve ser feita após a análise de algumas variáveis: idade atual e data em que pretende se aposentar, para saber o período de contribuição; valor mensal disponível para este fim; tipo de plano mais adequado e o risco que está disposto a correr – assim como nos outros fundos de investimento, há fundos com risco baixo, moderado e alto.

Se a empresa em que você trabalha possui plano de previdência privada corporativo, você poderá optar por participar, com a vantagem de não possuir taxa de carregamento. Outro ponto favorável: se você investir, por exemplo, 6% do seu salário, a empresa se compromete a investir outros 6% (a porcentagem depende do plano da empresa). No entanto, caso saia da empresa antes do término do prazo, você receberá somente o que você mesmo investiu, e não a parte investida pela empresa. De qualquer modo, esse benefício é um dos diferenciais que levam as pessoas a optarem entre duas empresas que querem contratá-las.

Agora você já sabe que:

- Para escolher um plano de previdência privada, não basta saber quanto tem para investir, mas por quanto tempo, em qual plano e qual o risco.
- A opção pelo sistema de tributação progressiva ou regressiva deve ser feita de acordo com o que deseja. Informe-se antes de optar.
- Não se deve investir em previdência privada por um período inferior a cinco anos.

CAPÍTULO 10

Saiba mais sobre sustentabilidade financeira

Quando se está à beira de um barranco, dar um passo para trás é melhor que seguir adiante. Às vezes, a vida nos pede um recuo para acertarmos o passo com nossa realidade e eliminarmos sofrimentos desnecessários.

Este capítulo foi escrito especialmente para esta segunda edição do livro. Decidi incluí-lo por observar que muitas pessoas, após saírem do endividamento, retornam para o problema e sofrem por ter de fazer todo o processo de negociação e ajustes novamente.

Após a expansão do crédito muitos têm oportunidade de adquirir bens de consumo pagando juros. Alguns planejam esses custos, mas outros simplesmente se endividam olhando o valor da parcela sem se certificar se poderão ou não honrá-la até o final do financiamento, ou seja, assumem um padrão de vida que vai além de suas posses. Isso torna a vida financeira insustentável.

E o que seria, então, uma vida financeira sustentável? Agir no presente evitando impactos negativos no futuro que provoquem

132 Saiba mais para gastar menos

perdas financeiras. Conseguir manter uma vida financeira equilibrada e estável sem a gangorra de períodos turbulentos de perdas intercalados com pequenos períodos de normalidade.

Para ajudar a identificar em que categoria sua vida se encaixa, desenvolvi uma planilha para análise que pode ser solicitada no site www.toledocursos.com.br. Nela, são analisadas diversas questões, como o custo de despesas essenciais, das quais não temos como abrir mão.

E que despesas seriam essas? Gastos com alimentação, água, luz, gás, telefone, moradia, transporte, IPTU e outros que sejam essenciais para você e sua família. Estamos falando de despesas de "sobrevivência", nada além disso. O mínimo necessário para viver sem faltar o essencial.

Por que não estão incluídas nessas despesas os gastos com educação particular e assistência médica? Porque, apesar de serem aspectos importantíssimos da vida, é possível sobreviver usando os serviços públicos, mesmo não sendo o ideal. Se uma pessoa está extremamente endividada e não tem como aumentar sua receita, uma saída pode ser substituir, por um período, alguns serviços pagos por públicos.

Direcionamento	%	Receita de R$ 4.000,00
Despesas essenciais	50% no máximo*	R$ 2.000,00
Outras despesas	30% no máximo	R$ 1.200,00
Poupança para emergência	10% no máximo**	R$ 400,00
Poupança para atingir objetivo	10% no máximo	R$ 400,00

* Até completar o equivalente a seis meses de receita.
** Colocamos 10% no máximo considerando uma família que ainda paga prestação do imóvel ou aluguel, custo que tem impacto no item moradia, uma despesa essencial. Precisamos morar, certo? Porém, se você já quitou seu imóvel ou mora numa casa que herdou ou ganhou e não paga aluguel nem prestação de financiamento, esta despesa essencial pode cair para uns 30% a 35% da receita. Sendo assim, os 20% ou 15% devem migrar para as outras despesas e para a poupança.

Essa tabelinha é só uma referência. Pode ser que, no momento, você não tenha nenhum objetivo, então, poderá poupar uma quantia maior de dinheiro para compor a reserva mais rápido. Também há a possibilidade de que você já tenha a reserva de emergência e esteja focando a poupança para uma viagem, economizando tudo que pode para atingir seu objetivo. Dessa forma, reduzirá todas as despesas essenciais e as outras despesas para conseguir poupar mensalmente 30% do que recebe.

Analise sua situação e decida o que é melhor para você dentro desses parâmetros de sustentabilidade financeira. Você pode equilibrar esses números de acordo com seu estilo de vida, desde que não deixe sua vida financeira insustentável. Adeque seu padrão de vida (despesas essenciais e outras despesas) no máximo, mas no máximo mesmo, para 90% do que recebe.

Veja, a seguir, um exemplo de como as ações no presente afetam a vida financeira no futuro.

> Um casal, ele com 45 anos, ela com 42, encontra-se no auge da carreira profissional. Ambos receberam cargo de chefia e os rendimentos mensais deram um salto, passando de 8.500 reais para 15.000 reais. Resolveram então realizar o sonho de adquirir um apartamento num bairro nobre com o dobro da metragem de onde moravam e mobiliaram com tudo novo. Compraram também dois carros novos completos para mais conforto no longo período que ficam no trânsito nos percursos de ida e volta para o trabalho. Para a única filha, que em breve completará 15 anos, deram de presente uma viagem à Disney. A

moça também começou a fazer aulas de tênis e, para isso, ficaram sócios de um clube de elite próximo à nova residência. Além disso, ajudam mensalmente seus pais com uma quantia.

O apartamento anterior foi alugado. O casal se endividou para fazer todas essas mudanças, mas de forma planejada. Em dois anos, o apartamento novo estará quitado, com a ajuda do Fundo de Garantia de cada um. Os carros estarão quitados em 36 meses. O casal, agora, quer planejar a aposentadoria.

Considerando que, em junho de 2012, o teto máximo da aposentadoria paga pelo INSS é 3.916,20 reais e que, aplicando o fator previdenciário, este valor ficará em cerca de 2.500,00 reais por mês, quando o casal se aposentar a provável situação será:

- Renda atual: R$ 15.000,00

- Renda após a aposentadoria de ambos:
  R$ 2.500,00 x 2 = R$ 5.000,00

- Defasagem: R$ 10.000,00

Como complementar o valor de 10.000 reais para manter a vida financeira sustentável se hoje a renda é totalmente comprometida?

Analisando as escolhas do casal, temos:

O casal investiu em bens de consumo – apartamento novo para morar, mobília nova, carros novos, viagens, esporte –, bens que não trarão recursos financeiros para a família, apenas despesas.

O único bem que traz retorno financeiro é o apartamento antigo que alugaram. O aluguel pode ser um complemento de renda, porém é insuficiente.

Começar um plano de investimentos para complemento de renda é o caminho. Para isso será necessário enxugar o orçamento do casal para sobrar dinheiro – bastante dinheiro! – para investirem. Por que bastante dinheiro? Porque ambos vão se aposentar em menos de dez anos, um tempo muito curto. Quanto menor o tempo, maior a quantia a ser investida para complementar a renda.

Assim que terminar de pagar o apartamento e os carros, o casal deverá destinar a mesma quantia para compor o investimento que complementará a renda. Se ambos não tiverem determinação e controle acirrado, no futuro terão de viver de forma mais simples.

Casos de insustentabilidade

Há pessoas cujas despesas essenciais estão dentro do recomendado, algumas até abaixo, mas suas outras despesas – que incluem financiamento de carro, parcelamento em cartões de crédito, cheques pré-datados, parcelas de empréstimos com familiares – chegam a representar 80% da receita.

Se as despesas essenciais são 50%; e as outras, 80%, isso já soma 130%. Todos os meses você gasta 30% a mais do que recebe. Isso é insustentável. Mesmo que tenha crédito para ficar tirando de um lugar para tapar o rombo em outro, uma hora os valores ficarão impagáveis.

136 Saiba mais para gastar menos

Agora, imagine uma família com despesas essenciais que ultrapassam os 100% – e não é tão difícil encontrar pessoas vivendo assim. Quando este é o caso, fica evidente que elas possuíam um padrão financeiro que não é mais realidade, mas ao qual a família não se adequou, consumindo como se ainda vivesse no padrão anterior. Isso só é possível a um custo exorbitante, usando empréstimos com juros altos para se manter nesse padrão. Insustentável!

O problema é que, após anos vivendo fora do padrão real, as pessoas ficam enlouquecidas com o endividamento e, mesmo assim, dificilmente abrem mão de algo para acertar o passo. É como se abrir mão de frequentar alguns lugares que lhes dão *status*, ter de mudar para o plano de saúde básico, substituir a empregada mensal por uma diarista semanal ou quinzenal, parar de consumir produtos importados, trocar o pacote de TV a cabo para o básico e, se necessário, vender um dos carros fosse uma sentença de morte.

Pode até ser uma sentença de morte, não da pessoa, mas do orgulho que a mantém enrijecida e inflexível para se adaptar a novas situações. A única saída é reduzir os gastos mudando o padrão de consumo. Não há alternativas. É preciso se adequar para voltar a ter paz e tranquilidade. As pessoas dizem: "Sem dívidas não se consegue nada!" Depois de um tempo, mudam o discurso: "Não aguento mais trabalhar para pagar dívidas!" Nossas escolhas são livres, mas as consequências são inevitáveis.

Outra situação perigosa acontece quando há uma promoção com aumento de salário ou quando alguém acostumado a viver com salário fixo abre uma empresa e passa a fazer retiradas mensais. Algumas pessoas que são promovidas e passam a ter uma renda 20% maior que a anterior, por exemplo, alteram tão intensamente o estilo de vida que têm um crescimento de 60% em suas despesas essenciais. Mudam para um apartamento maior, onde condomínio, IPTU, luz, prestação ou aluguel são maiores também. Além disso, se o bairro for de uma classe social superior, terão de pagar mais caro pela escola das crianças, pelo transporte escolar e no comércio local. Consequência: o que a princípio parecia uma "melhora de vida" se torna uma vida financeira insustentável. É preciso medir os passos, as escolhas. Fazer contas, pesquisar antes das mudanças e manter-se racional. A euforia citada no Ciclo do Gastador, no Capítulo 2, se encaixa nesse caso. Empolgados com uma renda maior, muitos acabam agindo só com a emoção, esquecendo-se de fazer as contas.

O mesmo acontece com aqueles que eram funcionários com registro em carteira pelo regime CLT e resolvem tornar-se empreendedores, donos de seu próprio negócio. Antes com um salário de 2.500 reais mensais, veem-se com um faturamento de 10.000 reais por mês. A euforia toma conta e, mais uma vez, não são feitas as contas necessárias antes de utilizar o dinheiro. Sentem-se ricos e saem gastando. Mudam o padrão de vida da família e, meses depois, descobrem que estão endividados. Faltou perceber que a pessoa jurídica, o negócio em si, tem custos, e que muitas vezes até o negócio deslanchar e começar a ter um bom faturamento será preciso apertar o cinto, reduzindo despesas na vida pessoal para dar fôlego à empresa.

Microempresários confundem muito a vida pessoal com a vida empresarial. Mudar o padrão de vida da família antes de fazer contas – e de no mínimo dois anos de empresa com análises do fluxo de caixa para saber como o negócio caminha – pode gerar insustentabilidade em ambas.

Refletimos sobre três situações que geram insustentabilidade financeira. No entanto, se você mantiver sua vida financeira equilibrada, sem gastar mais do que recebe, se viver num padrão de vida condizente com sua receita, com certeza terá uma vida mais tranquila.

Pense: viver de forma atribulada, com endividamento, vale pelas horas maldormidas e pelo estresse que isso gera?

Tenha cuidado! Equilibre sua tabela para nunca passar dos 100% da sua receita. Viva num padrão sustentável e sua vida será mais leve e feliz.

Considerações finais

Como últimas palavras, peço a você que reflita sobre o que realmente o deixa feliz, pois esse é o objetivo maior do ser humano. Não faça escolhas que o levem à infelicidade, mesmo que isso se traduza em *status*, beleza exterior e conforto material. Nada disso terá valor se você não estiver em paz e feliz.

O essencial que você precisa saber mais para gastar menos está em você mesmo. Descubra sua riqueza interior, equilibre-se, encontre sua paz... e as finanças seguirão pelo mesmo caminho.

Lembre-se de que sua principal riqueza não é o que você tem, mas quem você tem ao seu lado. Tenha fé e que Deus ilumine sua vida. Seja feliz!

Referências

BANCO CENTRAL DO BRASIL. *O que são os bancos?*. Série Cadernos BC.

BLANCO, Sandra. *Mulher inteligente: valoriza o dinheiro, pensa no futuro e investe*. Rio de Janeiro: Qualitymark, 2003.

BLOOM, William. *Dinheiro, coração e mente*. São Paulo: Triom, 1999.

CERBASI, Gustavo. *Casais inteligentes enriquecem juntos*. São Paulo: Gente, 2004.

_____. *Dinheiro: os segredos de quem tem*. São Paulo: Gente, 2003.

CLASON, George S. *O homem mais rico da Babilônia*. 14ª ed. Rio de Janeiro: Ediouro, 2005.

Como cuidar do seu dinheiro. Coleção Entenda e Aprenda. 2ª ed. São Paulo: BEI, 2004.

COVEY, Stephen. *Os 7 hábitos das pessoas altamente eficazes*. Rio de Janeiro: Best Seller, 2005.

EID JR., William; GARCIA, Fábio Gallo. *Como fazer investimentos*. 2ª ed. São Paulo: Publifolha, 2002.

FERREIRA, Vera Rita de Mello. *Psicologia Econômica*. São Paulo: Campus, 2008.

FRANKENBERG, Louis. *Guia prático para cuidar do seu orçamento*. Rio de Janeiro: Campus, 2002.

GAZEL JR., Marco Antonio; GODOY, José; MEDINA, Luiz. *Investindo em ações: os primeiros passos*. 2ª ed. São Paulo: Saraiva, 2006.

HALFELD, Mauro. *Investimentos*. São Paulo: Fundamento Educacional, 2004.

PEREIRA, Glória Maria Garcia. *A energia do dinheiro*. São Paulo: Gente, 2001.

PRICE, Débora L. *Terapia do dinheiro*. Rio de Janeiro: Best Seller, 2001.

VEIGA, Rafael Paschoarelli. *A regra do jogo*. 2ª ed. São Paulo: Saraiva, 2006.

Sites úteis

Banco Central do Brasil: www.bcb.gov.br

Caixa Econômica Federal: www.caixa.gov.br

Federação Brasileira de Bancos: www.febraban.org.br

Financenter: www.financenter.terra.com.br

Folha Dinheiro: www1.folha.uol.com.br/folha/dinheiro

Guia "Como Investir" (Anbid): www.comoinvestir.com.br

Portal Carros na Web (simulação de financiamento): www.carrosnaweb.com.br/financia.asp

Portal InfoMoney: www.infomoney.com.br

Toledo Cursos: www.toledocursos.com.br (planilhas gratuitas para organização financeira)

Para conhecer outros títulos da Editora Alaúde, acesse o site **www.alaude.com.br**, cadastre-se e receba nosso boletim eletrônico com novidades.